Friedrich Christian Laukhard

Eulerkappers Leben and Leiden

Eine tragisch-komische Geschichte

Friedrich Christian Laukhard

Eulerkappers Leben and Leiden
Eine tragisch-komische Geschichte

ISBN/EAN: 9783743618640

Hergestellt in Europa, USA, Kanada, Australien, Japan

Cover: Foto ©ninafisch / pixelio.de

Manufactured and distributed by brebook publishing software (www.brebook.com)

Friedrich Christian Laukhard

Eulerkappers Leben and Leiden

Eulerkappers

Leben und Leiden;

eine tragisch = komische Geschichte

von

Friedrich Christian Laukhard.

Allen

seinen lieben Freunden

in der ihm unvergeßlichen Stadt Gießen

widmet diese erbauliche Historie

unter Versicherung seiner Achtung und Freundschaft

der Verfasser.

Nach der Ausgabe von 1804 neugedruckt.

J. Ricker'sche Buchhandlung in Gießen
1889.

An die Leser.

Dieses Buch, dessen Titel schon hinlänglich sagt, was es seyn soll, konnte wohl ohne alle Vorrede in die Welt laufen: doch finde ich meiner selbst wegen für nöthig, einiges im Eingang anzumerken.

Man hat meinen Schriften den Vorwurf gemacht, daß sie mehrere Personalitäten enthielten, und auf Leute anspielten, welche ich hätte zur Schau

hinstellen wollen. Ich habe dieser un=
gegründeten und mir sehr unangeneh=
men Exegese meiner Bücher öfters wi=
dersprochen, aber vergebens: die künst=
lichen Herren und Damen exegesirten
immer fort, und fanden stets Originale
zu meinen Schilderungen.

Ich zweifle nicht, daß manche auch
so mit meinem Eulerkapper umgehen
werden. Aber da doch nach der alten
sehr wahren logischen Regel jeder der
beste Ausleger seiner eignen Worte
ist, so erkläre ich, daß kein Mensch in
der Welt, weder ein Lebender noch ein
Todter, unter den im Eulerkapper ge=
nannten Personen gemeynt ist, und

daß

daß folglich alle perfonelle Erklärungen
der hier aufgeführten Begebenheiten
durchaus falsch und grundlos sind. Nie
hat ein Paſtor Simon, ein Superintendent Quodammodarius, ein Bür-
germeiſter Rumpf, ein Magiſter Ae-
ſias u. ſ. w. exiſtirt.

Zwar habe ich meinen Eulerkapper zu Gießen agiren laſſen: aber dies
gereicht der guten Stadt Gießen nicht
zum geringſten Nachtheile. Ich bin
dieſer lieben Stadt herzlich gut; ich
habe in ihrem Zwinger mehrere Jahre
verlebt, und manche Freude, manches
Vergnügen daſelbſt genoſſen, und erinnere mich noch immer dankbar an das

brav

brave Gießen, wo ich noch bis jetzt
viele Freunde habe. Die Herren Gie=
ßer werden gewiß mit mir nicht zür=
nen, daß ich den Eulerkapper zu ih=
nen schickte.

In Gießen hat zwar ehedem ein
gewisser famoser Kerl, welchem die Stu=
denten den Beynamen Eulerkapper ge=
geben hatten, gelebt, aber mein Euler=
kapper ist doch wohl, wie jeder Gießer
bezeugen muß, eine ganz andre Person=
nage, als jener im Jahr 1796 in der
Kaplansgasse zu Gießen verstorbene
Eulerkapper.

Also die Hand her, meine Herren
Gießer: ich habe Sie nicht beleidigt,
nicht

nicht einmal dem Scheine nach; wir sind gute Freunde und wollens auch bleiben: vielleicht besuche ich Sie bald!

Ich will hoffen, daß übrigens das Lesen dieses Buchs meinen lieben Lesern keine lange Weile machen soll.

Den Recensenten habe ich gar nichts zu sagen: diese Herren wissen ja ohne=hin alles, besonders die Herren von der Jenaischen und von der Berliner Recen=sionsfabrik, und nehmen es daher gar übel, wenn sich ein Schriftsteller unter=steht, sie belehren zu wollen. Zwar quadrirt auf die Recensenten nur zu oft jener Spruch des Terentius;

Faciunt nae intellegendo, ut nihil intellegant.

Aber

Aber das thut, nichts zur Sache: bey aller Ignoranz, bey aller Superficialität und bey allem Aberwitz bleiben die Herren doch allwissend und allwitzig. Geschrieben zu Halle den 10. Junius 1803.

F. C. Laukhard.

Erstes

Erstes Kapitel.
Prolegomena zur Existenz des Helden.

Was granzt Sie denn, Jungfer Sibylle? sprach der Herr Pastor Selsam zu
Kirchberg, und klopfte seine Pfeife auf den
Ofen aus. Jungfer Sibylle antwortete keine Sylbe, und fuhr fort zu gränzen.

Kurios, sagte Herr Selsam, Sie weiß
wohl selbst nicht. warum Sie granzt? Sprech
Sie doch! Ich meyn's. Gott weiß es, recht
gut mit ihr: entded Sie mir Ihren Kummer,
vielleicht daß ich helfen kann.

Sibylle, (schluchzend). Ach Herr Pastor, was mir fehlt, kann kein Mensch gut
machen.

Pastor (sehr ruhig) Nun dann müssen wir beten, daß es der liebe Gott thut,
bey dem kein Ding unmöglich ist. Sag' Sie
immer Sibylle, was Ihr ist ﹕

Sibylle.

Sibylle. Ach, lieber Herr Pastor — ich bin — ich bin (ſhluchzt).

Pastor. Nun, was iſt Sie denn, Sibylle?

Sibylle. Ach ich bin — ein armes (weint heftig) unglückliches Mädchen.

Pastor (zündet ſeine Pfeife an). Sey Sie nicht undankbar gegen den lieben Gott, Sibylle. Der liebe Gott ernährt alle Creatur, da er dem Fleiſch ſeine Speiſe und dem Vieh ſein Futter giebt, den jungen Raben ſogar, die den Herrn anrufen, wie's im Pſalm heißt. Reich machen will Gott nicht jedermann: was würde das auch werden, wenn jedermann reich wäre? Wer würde arbeiten wollen? Was Sie anbelangt, Sibylle, ſo hat Sie ja Ihr Brodt und Ihre Kleider, und Ihre Arbeit iſt doch bey mir auch nicht ſo arg. Sterbe ich einmal, ſo erbt Sie noch etwas von mir. Will Sie mehr?

Sibylle. Ach, liebſter Herr Pastor, ich habe darüber keine Klage. Ach, wenn ich nur nicht ſo unglücklich wäre!

Pastor.

Paſtor. Nun, was iſt denu mit Ihr?

Sibylle. Lieber Herr Paſtor, in au — uch — in andern Umſtänden.

Paſtor (legt die Pfeife auf den Tiſch und ſteht auf.) Was ſagt Sie, Sibylle? Sie wäre ſchwanger?

Sibylle (ſchluchzend.) Ach — ja — lieber Herr Paſtor!

Paſtor. Hm, hm, ſo was hätte ich doch von Ihr nicht gedacht! Mit welchem Bauernburſchen hat Sie denn zu thun gehabt.

Sibylle. Ach Gott, es war kein Bauernburſche.

Paſtor. Je nun, ſo muß es ein Soldat geweſen ſeyn, und dann wärs deſto ſchlimmer. So ein Kerl wiſcht ſich das Maul, und dahin geht er.

Sibylle. Ach, ſo iſts alle nicht. Bey der letzten Kirchenviſilation —

Paſtor. Was, bey der Kirchenviſitation? Ich will doch nicht hoffen, daß der Herr Superintendent Quodammodatius —

Ja,

Ja, ja, der iſt ſo ein Vocativus. Ich kann
ihn gar nicht leiden wegen ſeiner Zoten die
er unaufhörlich reißt. Kein rechter Chriſt
ſoll faul Geſchwätz aus ſeinem Munde gehn
laſſen, wie der heilige Apoſtel befahl, und
wenn ein großer Geiſtlicher Zoten reißt, wie
ein Musketier auf der Hauptwache, ſo iſts
noch ſcandalöſer. Ja, ja, weſſen das Herz
voll iſt, des geht der Mund über. Der Herr
Superintendent wird wohl —

Sibylle. Ach nein, es war nicht der
Herr Superintendent — es war der Herr
Candidat Simon —

Paſtor. Der Candidat Simon, das
Factotum des Superintendenten? Ja, ja,
nun geht mir ein Licht auf. Der Schleich-
hans, der von nichts als von Moral und
Tugend ſpricht, und alle Ketzer widerlegt,
und auf die Neuerer ſchimpft wie ein Rohr-
ſperling! Das ſind mir die rechten Kerle —
Aber, was iſt nun zu thun? Sie muß doch
einen Vater zu Ihrem Kinde haben. Ich
werde an den Superintendenten ſchreiben:
oder

oder beſſer, ich rede mit ihm. Künftige Woche reiſe ich nach Gießen, da will ich die
Sache incaminiren.

Sibylle. Sie jagen mich doch nicht
aus Ihrem Hauſe, Herr Paſtor?

Paſtor. Behüte Gott, ich will Sie
nicht zur Verzweiflung bringen: Sie könnte
gar Ihr armes Kind umbringen.

Sibylle ging getröſtet vom Paſtor an
ihre Arbeit, und dieſer nahm ſeinen Hut und
Stock, und ging aufs Feld, um zu überle-
gen, was er für das arme Ding thun könnte. Sibylle ſahe den Paſtor weggehen, und
lief zur Nachbarsfrau, um dieſer gleichfalls
ihre Umſtände zu entdecken. Die Nachbarsfrau entdeckte die Sache weiter, und ehe
zwey Stunden vergingen, wußte das ganze
Dorf das Geheimniß des Pfarrhauſes.

Der Cantor Schduleben zu Kirchberg
war ein Erzſaufaus, und ſaß alle Tage in
der Schenke, wo er mit den Bauern Solo
und Daus um Daus ſpielte, ſich mit ihnen
ſehr oft herumkatzbalgte, und endlich tau-
                                              melnd

melnd nach Hause zog. Der Pastor kora=
mirte ihn wegen dieses ärgerlichen Lebens öf=
ters derb herunter, und drohte ihm stets, die
Sache ans Consistorium zu berichten, unter=
ließ es aber immer aus der ihm natürlichen
Gutherzigkeit. Der Cantor aber erboßte sich
über den Pastor, und suchte eine Gelegenheit,
sich an ihm wegen der häufigen Pillen zu rä=
chen, die er ihm zugetheilt hatte. Seine
Saufbrüder, welche der Pastor öfters ab=
kanzelte, waren gleichfalls gegen den guten
Mann aufgebracht, und ließen sich vom Can=
tor leicht bewegen, folgendes Schreiben an
den Superintendenten Quodammodarius zu
Gleßen zu unterschreiben, welches der Can=
tor concipirt und mundirt hatte.

Allerhochwürdigster und Achtbarer,
Hoch = und Tiefgelehrtester, Hochedelge=
borner, Gnädiger und Dienstfreund=
licher Herr Generalsuperintendent!

Ew. Excellenz Hochwürden müssen
wir die Endesunterschriebenen mit bangem
Herzen und zerschlagenem Geiste vorstellen,
wie

wie daß unser Herr Pastor Selsam der hie=
sigen christlichen Gemeinde ein gar großes
Scandalum, Aergerniß und Stein des An=
stoßes giebt; gestalten derselbe wohlbenannte
Herr Pastor Selsam eine Köchin hat, oder
Haushälterin, Namens Anna Sibylla Eule=
rin, welche sich zu ihrer größten Schande,
Unglück, Schaden und Schimpf in gesegne=
ten Umständen befindet. Allbieweilen aber
ein solcher Caseus und Vorfall der ganzen
Gemeinde ein großes Scandalum und Aer=
gerniß giebt, maßen das Gerücht geht, als
wenn der Herr Pastor Selsam, als welcher
caelebs oder ohne Frau ist, gar leicht selbst
in eiguer geistlicher Person in Verdacht gera=
then könnte, als wenn durch sein Zuthun die
Jungfer Sibylla in das große Unglück der
gesegneten Umstände gerathen, als bitten wie
Ew. Magnificenz Hochwürden unterthä=
nigst, gedachtem Herrn Pastor anzubefehlen,
die gedachte Jungfer Sibylla aus dem Pfarr=
hause zu removiren und wegzuschaffen, und
also die Priesterwohnung von der Unreinig=
keit

keit zu reinigen. Sind übrigens mit aller
Dienstfreundlichkeit und hoher Gewogenheit
wie auch Affection

Ew. Magnificenz Hochwürden
schuldige Diener

Kirchberg,   Franz Carl Schönleben,
am Tage Wal=   als Cantor.
purgis   Töffel Krentzbaus,
den 1sten May   als Richter.
17 —   Jobsen Bierkümmel,
                Dalpsch Rothkönig,
                    als Schöppen.
            Ulrich Bindfaden,
        Barthel Schaaf Mondsüchtig,
            als Kirchenältesten.

Herr Quodammodarius, der Superin=
tendent, haßte den Pastor Selsam, weil die=
ser seine Hochwürden einst ermahnt hatte,
doch nicht stets zu hackschen und mit der gro=
ßen Glocke zu läuten: deswegen freute er
sich, dem alten Mann wehe thun zu können,
und resolvirte sofort auf das kauderwelsche
Gesudel des Cantors Schönleben, daß die
Jung=

Jungfer Sibylle. aus dem Pfarrhaus ge=
bracht werden sollte, und zwar Angesichts
dieses, wie s im Schreiben hieß; ferner
sollte der Pastor Selsam sich nächsten Ses=
sionstag würde seyn der 12te apai et menfis
currentis vor einem Hochlöblichen Consisto=
rio zu Gießen stellen, auf die ihm vorzule=
genden Fragen gebührend antworten und das
Weitere erwarten.

Zweytes Kapitel
Das Scandal.

Pastor Selsam saß auf seinem Sorg=
sell, an andern Orten Großvaterstuhl im
Elsaß aber das Faulbelzel genannt und
rauchte seine Pfeife Taback: am Tische saß
Jungfer Sibylle, und nähete am Zeuge für
ihr zu erwartendes Kind, als der Consistorial=
bote von Gießen eintrat, und dem Herrn Pa=
stor das große Schreiben einhändigte. Der
Pastor wollte sofort das Schreiben öffnen,
aber der Bote hinderte ihn daran, und for=
derte

derte erst seine Bezahlung, nämlich dreyßig
Kreuzer.

„Je nun, mein Freund, sagte der Pas
stor, ich werde Ihn schon bezahlen: laß Er
mich doch erst das Ding lesen.“

Bote. Ah nicht rühr an, Herr Pas
stor: erst Geld her, und dann lesen Sie ins
Henkers Namen bis übermorgen.

Pastor. Er ist ja gewaltig mißtrauisch!

Bote. Muß ich nicht? Neulich brachte
ich auch ein Schreiben an den Pfaffen zu
Großenlinden; der nahms und las es, und
darnach hatte der Lump kein Geld. Ich mußte abziehen, und habe noch nichts. Ein ge-
branntes Kind scheut's Feuer: also bezahlen Sie.

Pastor. Hier mein Freund! (giebt ihm
Geld) Aber unter uns gesagt, Er ist ein
grober Mann.

Bote. Meinetwegen mag ich auch ein
grober Esel seyn, wenn ich nur meine Mone-
ten habe. Adjes Herr Pastor (ab).

Der

Der Pastor öffnete das Schreiben, und las es durch. „Hm, hm, das ist doch kurios, sagte er! Aber was ist zu machen, Sibylle, Sie muß aus dem Haus,“

Sibylle. Ich Herr Pastor! Ih, warum dann? Sie haben mir ja versprochen, mich nicht zu verstoßen?

Pastor. Wohl habe ich das, und würde auch gewiß Wort gehalten haben: aber das Consistorium will es anders, und ich muß gehorchen.

Der Pastor erklärte hierauf die Macht des Consistoriums über die Pastores, und Sibylle sahe ein, daß er sie nicht behalten könne, da die gestrengen Herren zu Gießen anders verordneten; sie gab sich, freylich mit vielen Thränen und Seufzern drein, und auf den Rath des Pastors ging sie fort, um sich im Dorfe ein Logis auszumachen, wo sie ihre Wochen halten könnte.

Sie ging zum Cantor Schönleben, und bat ihn, ihr ein Stübchen einzuräumen; dieser erklärte, daß das Schulhaus eben so wie

das Pfarrhaus eine geistliche Wohnung sey,
und durch eine uneheliche Niederkunft, nicht
besudelt werden dürfe. Der Richter Töffel
Kreußhaus wies sie gleichfalls ab, und schalt
sie eine Pfaffenhure über die andere: weinend
ging Sibyllchen zum Schöppen Jobsen Bier=
lümmel, welcher eben aus der Schenke kam,
wo er sich besoffen und sein Geld verloren
hatte. Wegen des Verlustes und der aus
der Zänkerey entstandenen Prügeley, war
Bierlümmel ausserordentlich aufgebracht, ob
er gleich nie bey guter Laune war: denn hei=
tere gute Laune findet sich bey versoffenen
Leuten sehr selten bey zänkischen Spielern
aber gar nicht. Bierlümmel hatte schon bey
seiner Zuhausekunft Frau und Kinder zum
Haus hinausgejagt, und schickte sich eben an,
nach der Schenke zurück zu kehren, und da
sein Glück von neuem zu probiren, als ihm
die arme Sibylle auf der Treppe vor der
Hausthüre entgegen kam.

Was will Sie, fragte Jobsen Bier=
lümmel mit barscher Stimme.

Sibylle,

Sibylle. Ach lieber Herr Schöppe, ich habe eine gar große Bitte an Ihn.

Bierlümmel. Na, mach Sie's kurz ich hab' da keine Zeit, Maulaffen feil zu tragen.

Sibylle. Mein Herr, der Herr Pastor, läßt Ihn bitten, mir doch ein Stübchen in seinem Hause zu vermiethen — Er weiß, in welchen Umständen ich bin, und im Pfarrhaus kann ich nicht bleiben.

Bierlümmel So weil Du Nickel nicht im Pfarrhause Deinen Balg herbergen kannst, soll mein Haus dazu gut genug seyn. Reise, verfluchte Hure oder ich trete Dir die Kaldaunen aus dem Leibe heraus.

Sibylle wollte dem aufgebrachten Flegel sein Unrecht bemonstriren, und suchte ihn auf sanftere Gedanken zu bringen: aber Freund Bierlümmel gab ihr einen so heftigen Stoß, daß sie rücklings die Treppe herunter fiel. Brummend schmiß er die Hausthüre zu, ließ die Gefallene liegen, und ging nach der Schenke; Sibylle raffte sich auf,

B 2 und

und schlich unter tausend Thränen nach der Pfarrwohnung zurück.

Der Herr Pastor war zu seinem Freund und Disputirbruder, dem Pastor Tiefenbach nach Reiskirchen gegangen, und hatte den Hausschlüssel mitgenommen: die arme Sibylle konnte daher nicht ins Haus, und da sie mächtiges Bauchgrimmen empfand, so kroch sie in den Kuhstall, und warf sich auf ein Bund Stroh.

Ihre Schmerzen mehrten sich, und ihr Gestöne wurde von einem alten Mütterchen gehört, dessen Wohnstube nur durch eine dünne Wand von dem pastorischen Kuhstall getrennt war. Das alte Mütterchen, von Mitleid durchdrungen, eilte dahin, wo das Gestöhne herkam, und fand Sibyllchen, von welcher sie oft Brodt, Käse und Milch umsonst bekommen hatte, in den kläglichsten Umständen. Unter vielen hundert „ach Herr Jeh! ach du liebe Zeit!" untersuchte sie Sibyllens Umstand, und erklärte, daß ihr Stündlein gekommen sey, und daß die Kindesmutter geholt werden müsse. Nach

Nach dieser Erklärung eilte die Alte fort, und kam eine Minute hernach mit der Frau Hebamme zurück. Diese machte ihre Sache so hübsch geschickt, daß Sibyllchen nach einer Stunde schon einen derben Jungen an ihrem Busen liegen hatte, und dieser Junge ist eben der Held dieser wahrhaften Historia.

Der Pastor hatte seinen Disputirbruder zu Reißkirchen nicht angetroffen: dieser war nach Gießen gegangen, um dort dem Professor Alefeld, welcher die Existenz des diabolus succubus und incubus geleugnet hatte, die Wahrheit zu sagen. Herr Seltsam kehrte daher wieder zurück, und wunderte sich, als er ein Geschnatter in seinem Kuhstalle hörte, als wenn alle Gänse aus dem ganzen Dorfe darin versammelt wären. Er trat hinein, und sah nun die ganze Bescherung: Sibylle auf dem Stroh mit einem Kinde an der Brust, jammerte den Gutmüthigen in der Seele, er befahl, sie sogleich in ihr Bett zu bringen, und legte selbst Hand an. Dann wurden Weinsup-

pen

pen gekocht *) und der Kindbetterin nach
vorher gegebenen Schnapps so reichlich zugebracht, daß Sibyllchen würd hingefah-
ret seyn, wenn sie nicht eine ächt Büseck-
thäler Natur **) gehabt hätte.

Indessen hatten die Herren in der
Schenke gehört, was im Pfarrhofe vorgefallen war. Der Cantor Schönleben, welcher mit dem Richter Kreußhaus und den
Schöppen Stecklimmel und Rothkönig spielte, hatte eben ein Kännchen Schnapps
bezahlen müssen, und war deßwegen ärgerlich. Er schmiß die Karten weg und rief:
Kreußsackerment, wir sind auch rechte Kerle,
daß wir uns hersetzen, und um Rullen
spielen, indeß im Pfarrhause die gröbsten
Scan-

*) Von dieser an vielen Orten noch so ge-
wöhnlichen Unart, Wöchnerinnen zu
vergiften, s. den Arzt von Unzer B. 5.
S. 227. f.

*) Sie war aus dem Büsecker Thal, un-
weit Gießen, zu Hause, wo die Leute,
nach dem gemeinen Ausdruck, eine
rechte Pferdenatur haben.

Scandalia vergehen. Der Pastor hat Befehl vom Consistorium, das Mensch aus
dem Hause zu schaffen, und man hat sie
gar darin ihr Wochenbett. Schwerenoth,
wenn wir das leiden, so sind wir Hundsfütter! Ja wohl sind wir Hundsfütter, erwiederte Bierlümmel und Königsbauß; alloh,
alloh, nach dem Pfarrhause, und das
Mensch auf die Gasse!

Einige besoffene Bauern gesellten sich
zu dem Cantor und dem Richter, und nun
gings nach der Wohnung des Pastors.
Dieser war eben im Begriff, an's hochlöb-
liche Consistorium zu schreiben, und sich
wegen des Vorfalls mit Sibyllchen zu ent-
schuldigen, als die rasenden Bauern, vom
Cantor angeführt, eintraten, und mit aller
bäurischen Impertinenz und Grobheit die
Exportation des Luders und der Hure, wie
sie Sibyllchen schalten, aus dem Pfarr-
Hause forderten.

Der Pastor stellte den Rasenden ihr
Unrecht vor, und meinte, es sey doch un-
mensch-

menſchlich, eine friſche Wöchnerin aus dem
Hauſe auf die Straße zu werfen, ſie könnte
ja Schaden nehmen, und gar darüber hin=
fahren; aber die Bauern meinten: es läge
gar wenig daran, wenn ſo ein Nickel ab=
führe: es ſey auch beſſer, daß ſie auf der
Straße krepirte, als daß die Pfarrwohnung
noch länger entheiligt würde.

Schon, machten ſie Anſtalt, Sibyllen
aus dem Bette zu reiſſen und weg zu trans=
portiren. Die Weiber, welche zugegen
waren, ſchrieen Zeter Mordio, der Paſtor
bewaffnete ſich mit ſeinem Filialſtocke, und
ſtellte ſich neben das Bett ſeiner Haushäl=
terin, um ſie gegen die Angriffe des be=
ſoffenen Cantors und ſeines Gefolges zu
vertheidigen; aber ſeine Kräfte waren zu
ſchwach, er wurde derb zurückgeſtoßen, und
ſchon hatten die wüthenden Kerle die Bett=
decke herunter geriſſen, als der Korporal
Faſian hereintrat.

Was Schwerenoth giebt's denn hier?
Was iſt das für ein ſackermentaliſcher
Lär=

Lärmen, sagte Herr Fasian, der Husaren=
korporal, welcher mit einigen andern Hu=
saren von Stauffenberg vom Commando
kam, und bey dem Pastor einen Schnapps
machen wollte.

Gott Lob und Dank, rief der Pastor,
und setzte seine Perücke wieder auf, welche
ihm der Cantor vom Kopfe geschlagen hat=
te, Gott Lob und Dank, daß Sie kommen,
Herr Fasian! Stehen Sie mir bey wider
diese Unchristen da!

Was wollen denn die Lausebengel,
die Flegel, fragte Fasian, und strich sich
den Knebelbart.

Der Pastor erklärte kürzlich den status caufsae.

En so soll ja der Teufel den Flegeln
in den Magen fahren, fluchte Fasian und
zog seinen Säbel! Wollen die Bengel rei=
sen, oder ich baue ihnen Nasen und Ohren
ab! Die Rökel die! So'n Sausluder von
Cantor, so'n Dorfochs von Richter, und
solche Schweinigel von Schöppen, wollen
einen

einen braven Mann disjustiren! Ihr kämt
mir schön an, Ihr Lumpenkerle; reist,
oder ich mache Euch Beine!

Der Cantor und seine Begleiter trafen
die Thüre, stürzten auf der Flucht die
Treppe hinunter, und kamen mit blutigen
Köpfen nach der Schenke zurück. Hier
saßen die beyden Husaren, welche mit dem
Korporal auf Commando gewesen waren.
Der Cantor und seine Gesellen sahen diese
vor Wuth nicht, und ergossen sich in
Schimpfwörtern über den Korporal. Die
Husaren, welche nicht leiden wollten, daß
Schulmeisterlein und Bauern sich über
ihren Korporal in Schimpfwörtern üben
sollten, griffen nach Knitteln, gerbten den
Schimpfern das Fell rein durch, und war-
fen sie zur Thüre hinaus.

Im Pfarrhause war alles ruhig geworden, und der Pastor hatte seinem Ret-
ter Fasian einen großen Schnapps geholt.
Der Pastor nahm sich vor, den folgenden
Tag nach Gießen zu reisen, und der Kor-

poral

poral verſprach, gleichfalls vor dem Conſiſtorium zu erſcheinen, und die Aasſage des Paſtors, in Hinſicht auf die Impertinenzen der Bauern und des Cantors, zu beſtätigen. Damit aber die Kerle nicht einen Scandal machen möchten, legte Faſſan einen von ſeinen Huſaren ins Pfarrhaus zur Sauvegarde, und ritt mit dem andern nach Gießen.

Drittes Kapitel.
Die Subſtitution.

Der Cantor war eher zu Gießen, als der Paſtor dahin kam. Früh machte er ſich auf, nahm eine große Knackwurſt, und trug ſie zum Herrn Superintendent Quobammodarius. Dieſer war ein großer Freund von Bauernwürſten, ſo groß, als es nur ein Feldwebel oder Kaplenarmus *) ſeyn

*) Ich ſchreibe dieſes Wort wie man es gewöhnlich ausſpricht Eigentlich ſollte man capitaine d'armes ſchreiben.

seyn kann. Freundlich nahm er die Wurst
aus der Hand des Cantors, ließ ihn neben
sich hinsitzen, und fragte ihn, warum er
schon so früh nach Gießen gekommen sey?

Der Cantor erzählte dem hochwürdi=
gen Herrn ein Langes und Breites von
dem grausamen Skandal und Aergerniß,
welches sich am vorigen Tage zu Kirchberg
im Pfarrhause begeben hatte, und räson=
nirte dabey so stark über die Uebertretung
des Gebotes, welches das hochwürdige
Consistorium gegeben hatte, daß der Su=
perintendent auffsprang, auf den Tisch mit
beyden Fäusten schlug, und hoch auffschwur,
daß dieser Mangel an Subordination dem
Ehrenpastor theuer sollte zu stehen kommen.
Der Cantor hatte nun seinen Zweck er=
reicht, und ging weg, um bey Eberhard
Busch einen halben Schoppen zu machen.

Indessen war der Pastor Selsam
zu Gießen angelangt; er machte erst ein
Schlückchen Rheinwein beym Wirth im
Einhorn, genannt der grobe Müller, und
nach-

nachdem dies geschehen war, ging er in
das Haus des Herrn, Quodammodarius,
und ließ sich melden. Madam Quodammodarius, welche, weil Pastor Gelsam
keine Frau hatte, nicht mit zu ihm auf die
Kirchenvisitation kommen und keine Küchen-
visitation bey ihm anstellen konnte, war
dem guten Manne abhold, und ließ ihn eine
gute Weile vor der Thüre warten, bis sie
ihn zum Herrn Gemahl ins Protzstübchen,
(so nannte Herr Quodammodarius sein Stu-
dierzimmer,) — hineinführte.

Quodammodarius saß eben an Gun-
neri Institutionibus theologiae dogmati-
cae und zwar am Artikel de communicatio-
ne idiomatum, um sich zu seiner Lection zu
bereiten: denn er hatte drey Zuhörer, welchen er die heilige Dogmatik vorleyerte. Er
war sehr vertieft, oder schien es doch zu seyn,
wie der selige Johann Christian F..., wenn
ihn die Frau zum Studieren ermahnte, und
er am Fenster lag, und die Steine auf der
Gasse anguckte. Der Pastor mußte einige
Mal

Mal räuspern, und mit dem Stocke pochen, bis endlich das große Kirchenlicht aus seinem gelehrten Taumel erwachte.

„Wer ist denn da, fragte der Superintendent, ohne sich umzusehen?"

Pastor. Ich bin's, Ihr Hochwürden.

Superintendent. Wer ist der Ich?

Pastor. Der Pastor Selsam von Kirchberg.

Superint. (hastig aufspringend. Ah bene, bene, daß Sie selbst kommen. Ich hätte Sie ohnedies durch den Consistorialboten hieher beschieden lassen. — Haben schön Zeug gemacht, Herr, das muß wahr seyn, allerliebstes Zeug.

Pastor. Ich bin mir nichts Böses bewußt, hochwürdiger Herr.

Superint. Nichts bewußt? Also ist das nichts Böses, wenn man die Befehle seiner Obrigkeit gering achtet, dawider handelt, und gerade das Gegentheil von dem thut, was be-

befohlen worden ist. He, Herr, ist das vielleicht etwas lobenswürdiges.

Paftor. Nein, Ihre Hochwürden: aber ich habe dies auch nicht gethan. Doch ich merke, man ist mir schon zuvorgekommen, also erlauben Sie mir, daß ich Ihnen den ganzen Vorgang erzähle.

Superint. Machen Sie's nur kurz

Paftor. So kurz, als es möglich seyn wird.

Hierauf erzählte der Paftor den ganzen Vorfall, und machte sich anheischig, alles durch glaubwürdige Zeugen zu bestätigen. Der Superintendent horchte unruhig zu: als aber endlich der Paftor mit seiner Relation fertig war, schüttelte der Hochwürdige den Kopf, machte einige Mal Hm, Hm! und befahl dem Paftor den folgenden Tag früh halb neun Uhr auf der Consistorialstube zu erscheinen. Der Paftor, welcher den Superintendenten kannte, und wußte, daß sein Starrkopf nie von dem abging, was er einmal gesagt hatte, machte seinen Kratzfuß, und wollte fort. Apro-

Apropos, rief der Superintendent, noch ein Wort, Herr Pastor.

Pastor. Zu Befehl, Ihre Hochwürden.

Superint. Wer ist denn der Vater zu dem Hurenbalg? Sie sollten sich schämen, in Ihrem Hause solches Gewerbe zu leiden.

Pastor. Ich konnte leider, die Gelegenheit nicht verhindern.

Superint. Es war aber Ihre Schuldigkeit, alle verdächtige Mannspersonen aus Ihrem Hause zu jagen.

Pastor (lächelt). Was würden Ihre Hochwürden gesagt haben, wenn ich einen von Ihrem Gefolge bey der letzten Kirchenvisitation hätte fortjagen wollen?

Superint. (heftig) Von meinem Gefolge? Herr, wissen Sie auch, was Sie sprechen.

Pastor. O ja! Ich wills Ihnen nur sagen, der Herr Candidat Simon ist der Urheber des ganzen Scandals, und der Schwängerer meiner Haushälterin. Wir

haben

haben Beweiſe genug dazu, auch ohne daß
das Mädchen ſchwören müßte; dieſe Beweiſe werde ich morgen dem Conſiſtorium vor-
legen.

Der Superintendent erblaßte: denn
dieß war ein garſtiger Strich durch ſeine
Rechnung. Der Candidat Simon war eben
im Begriff eine Pfarrey zu erhalten; er war
zwar ſchlecht im Eramen beſtanden, aber er
unterhielt ſchon ſeit langen Jahren ein Lie-
besverſtändniß mit der Schweſter Seiner
Hochwürden, einer ſchiefhälſigen ſechs und
dreyßigjährigen Mamſell, und der Superintendent, welcher ſeiner Schweſter doch auch
noch gerne die Freuden der Ehe gegönnt hätte, machte, daß der Herr Candidat Simon
die Pfarre erhielt, unter der ausdrücklichen
Bedingung, ſich gleich drey Wochen nach
der Inſtallirung mit Mamſell Anne Urſel
Quodammodurius ehelich zu verbinden. Nun
hatte der Candidat ein Kind fabricirt, und
kam die Sache heraus, ſo war die Pfarre
verloren, und wo blieb alsdann Mamſell
Anne Urſel?

Eulerkapper.   C   Ja

In der größten Verlegenheit ging der Superintendent in der Stube auf und ab: endlich näherte er sich dem Pastor freundlich, und bat ihn, sich nieder zu setzen. Obgleich der Pastor noch nie im Haus des Superintendenten gesessen hatte, so machte er doch Gebrauch von der ihm zugestandnen Freyheit und setzte sich: der Superintendent setzte sich neben ihn, und klingelte. Der Famulus, ein hungriger Stipendiat aus der Herrschaft Epstein, erschien. Ich lese heute nicht, sagte der Hochwürdige: bring Er eine Flasche Malaga herauf *). Der Pastor wußte nicht, was er sagen sollte, als ihm der Superintendent Malaga einschenkte. So etwas war ihm noch nie in praxi vorgekommen,

*) Vor nach nicht sehr langer Zeit war es in Gießen Mode, daß der Ephorus die Stipendiaten oder Freytischler per Er anredete: doch ist dies jetzt nicht mehr so. Wenn aber ein gewisser Hofrath und Professor Sch. in Jena gelehrte Männer Er nennt, so ist das ein Beweis, daß manche Gelehrte recht grobe Gesellen sind.

men, doch verbarg er seine Verwunderung und trank tapfer drauf los.

Endlich nahm ihn der Hochwürdige freundlich bey der Hand, und sagte: nicht wahr, Herr Pastor, wenn man ohne der guten Sache zu schaden, einen Gefallenen retten kann, so muß man es auch thun?

Pastor. Nicht anders, Ihre Hochwürden; so will es die Vernunft und die Religion.

Superint. Warum aber wollen Sie es denn nicht thun?

Pastor. Ich sehe nicht ein, wie Sie das meynen.

Superint. Sie wollen doch den Candidat Simon als Schwängerer Ihrer Haushälterin angeben.

Pastor. Allerdings: denn ich muß.

Superint. Und wer zwingt Sie?

Pastor. Meine Pflicht: denn erstlich muß ja doch das Kind einen Vater haben: zweytens muß es ernährt werden.

C 2   Super-

Superint. Aber der Simon wird dadurch unglücklich.

Pastor. Freylich wohl: aber ich bin nicht Schuld daran: warum war er so vorwitzig? Und wie's im Sprüchwort heißt:

Vor gethan und nach bedacht,
Hat Manchen in groß Leid gebracht.

Superint. Wie aber, wenn man dem Kind einen Vater, das heißt einen Mann, der seinen Namen dazu hergiebt, und eine hinlängliche Nahrung verschaffen könnte?

Pastor. In diesem Fall würde ich gerne zugeben, daß Simon aus der Schlinge gezogen würde. Er hätte zwar verdient, niemals eine Pfarre zu bekommen: aber wir sind ja alle sterbliche Menschen.

Superint. Bravo, Herr Pastor, das heiß ich vernünftig gesprochen. Jetzt bitte ich Sie, reinen Mund zu halten, und mich sorgen zu lassen. Sie kommen morgen nicht vors Consistorium, auch mag Sibylle in Gottes Namen in Ihrem Hause bleiben.

Der

Der Pastor ging vergnügt nach Hause, und schon am folgenden Tag erhielt er vom Superintendenten folgenden Brief:

T. P. Hochgeehrtester Herr Pastor!

Der Ehrsame Johann Nickel Kapper, Schornsteinfegergeselle dahier, giebt coram notario publico, Herrn Strohmichel folgendes ad protocollum, wie er beym Schornsteinfegen zu Kirchberg im Pfarrhause sich mit der Haushälterin des S. T. Herrn Pfarrers fleischlich vermischt habe, und daher nicht leugnen könne, daß er Vater zu dem von ihr neugebohrnen Kinde sey. — Sie werden daher die Güte haben, gedachten Johann Nickel Kapper, gebürtig aus Bunzlau in Schlesien, als Vater des Kindes quaest. in das Kirchenbuch einzutragen. Was übrigens die Alimentation des Kindes betrifft, so empfängt dasselbe vierzehn Jahr nach einander jährlich 24 fl., thut zusammen 336 fl. oder 30 Carolin 6 Gulden, welche ich Ihnen hiermit zusende, und mir eine Quittung darüber ausbitte. Sie werden schon

schon für Mutter und Kind Sorge tragen.
Bin übrigens mit aller Hochachtung

Gießen   Ihr
den 12ten May
   17 —   ergebenster
Ioannes Georgius Quodammodarius,
S. S. Th. D. ejusdemque, Prof. P. O.
nec non Rev. Consist. Assess.
Superintend. Gener. et Stip. Eph.

Nun war die Sache abgethan, und
statt des Candidaten Simon ein Anderer
substituirt. Der Pastor blieb ruhig, nicht
aber so der Cantor und seine Saufbrüder.
Diese warteten zwar noch acht Tage, ob
vielleicht der Pastor die Aufwärterin schaffen
würde; aber als dies nicht geschah, liefen
sie abermals in corpore nach Gießen zum
Superintendenten, dem der Cantor im Namen der Uebrigen eine Klage gegen den Pastor schriftlich einreichte.

„Packt Euch, schrie der Superintendent, nachdem er den Wisch gelesen hatte;
Ihr seyd Otterngezüchte, generationes vi-
pera-

perarum seyd Ihr. Ihr verläumdet ehr=
liche Männer, und habt selbst gegen Euren
braven Pastor keinen Respekt. Und Er,
Mosjeh Cantor, Er sollte sich schämen, daß
Er, das räudigste Schaf im ganzen geist=
lichen Schafstalle zu Kirchberg, gerade der
erste ist, der sich über andere redliche Leute
hermacht. Er heißt Schönleben: ja, Luder=
leben sollte Er heißen, Schweineleben,
Sauf = und Sauleben wären Seine rechten
Titel. Ich werde einmal hinter Ihn kom=
men, und dann will ich nicht Doctor Jo=
hann Georg Quodammodärius heißen, wenn
Er nicht geschaßt wird. Merk Et sich das,
und Ihr Andern trifft Euch auch; ich habe
zu thun."

Erschrocken zog die ganze löbliche
Saufgesellschaft ab, und der Cantor kratzte
sich hinter den Ohren. Au wei geschrien!
rief er einmal über das andere, meine
schöne Wurst! muß ich meine hübsche,
große Knackwurst so in den Dreck werfen.
Pfuy, und abermal pfuy, und noch ein=
mal pfuy! ———— Vier=

Viertes Kapitel.

Rückt stark in der Chronologie vorwärts.

Die Jugendgeschichte der Menschen, und wär es auch die des Kindes = und Knabenalters eines Alexanders, Cäsars und Leibnitz, ist größtentheils abgeschmackt oder erlogen; es kann seyn, daß Kinder schon gewisse Anlagen zeigen, aber was sind bloße Anlagen? Das Zeug wird in der Folge so jämmerlich vergrößert, in der Lebensgeschichte mancher großer Männer nämlich, daß man glauben sollte, der Knabe habe so viel Verstand und Kenntnisse mit auf die Welt gebracht, als Andere, die doch auch nicht auf den Kopf gefallen sind, oder welche, nach einer sehr beliebten, sogar auf dem Katheder gewöhnlichen Phrasis, kein Esel aus der Wand geschlagen hat, durch langes Anstrengen nicht erwerben konnten. Andere hingegen, welche ausarten, waren schon nach der Pädobiographie

phie in ihrer erſten Jugend ganz eingemach-
te Schufte u. ſ. w.

Aus dieſer Urſache werde ich meinen
Helden nicht eher als handelnd auftreten
laſſen, bis er wirklich handelt: von ſeinen
Kindereien werde ich nur fragmentariſch
reden.

Daß Sibylle beym Paſtor blieb, und
daß der junge Johann Heinrich auch da
blieb, verſteht ſich von ſelbſt. Er hieß
zwar nach ſeinem Taufnamen Kapper,
aber Sibyllchen wußte ja recht gut, daß
dieſer Name ihrem Jungen nicht gebührte,
ſie gab ihm alſo gegen jeden der darnach
fragte, ihren eigenen Zunamen, und nannte ihn Euler. Als der junge Euler ungefähr ſieben Jahr alt war, mußte er
nach der Schule wandern, und beym Cantor Schönleben die ſcholaſtiſchen Wiſſenſchaften, nämlich Leſen und Schreiben, wie
auch die fünf Species der Rechenkunſt,
den kleinen Catechismus Lutheri nebſt dem
breiten Darmſtädter Catechismus, die Buß-
pſal-

pfalmen und ungefähr vier Dußend heilige
Lieder aus dem Gesangbuche auswendig
lernen. Das war nun ein grave opus
für unser Eulerchen, und wenn's schon in
der lieben Schule zu Kirchberg fast wie in
allen Schulen Germaniens herging, nämlich: daß man die Kinder durch die Bank
wie Strohmänner ansieht, und sie zehn
und mehrere Jahre täglich sechs Stunden
mit dem Schulmeisterleins-Unterricht und
elenden Fratzen beschäftigt, so konnte doch
Eulerchen nicht recht mitkommen, und ungeachtet der Kopfnüsse und der häufigen Stock-
hiebe, welche Herr Cantor Schönleben ihm
auf Buckel und Hände fallen ließ, kannte
unser Heldchen im eilften Jahre kaum die
Buchstaben und wußte mehr nicht auswendig, als die zehn Gebote und das Vater=
unser; jedoch wohl zu merken, ohne die im
Catechismus befindlichen Auslegungen, was
ist das? genannt.

Der Cantor, welcher sich schämte,
daß sein Schüler so gar schlecht vorwärts
rückte,

rückte, beschloß, seinen Fleiß an ihm zu
verdoppeln, und gerbte ihn daher täglich
das Fell so rein aus, daß ihm der Buckel
immer blau und braun blieb. Eulerchen
war zwar hartschlägig, und konnte schon
Etwas zu sich nehmen, ohne darüber sehr
afficirt zu werden, aber Herr Schönleben
schlug, wenn er wollte, und es ihm Ernst
war, einen Stock trotz dem besten Korporal, und da mußte er wohl bey Eulerchen
auf die Fühlhaut kommen. Der Junge
klagte zwar nicht zu Hause: denn er hatte
von dem Herrn Pastor oft gehört, daß der
Bakel die höchste Wohlthat für junge Knaben sey; und da er wußte, daß seine Mutter Sibylle in allen Stücken gerade dachte
wie der Pastor, so hoffte er nicht, zu Hause
Hülfe und Trost zu finden, und schwieg
deßhalben.

Indessen merkte Sibyllchen an den
rothgeweinten Augen, welche ihr Leibsöhn-
chen jedes Mal mit aus der Schule brachte,
daß etwas vorgefallen seyn und zum öftern
vor-

vorfallen müffe, worüber das gute Kind
Thränen vergöffe; fie nahm daher ihren
Johann Heinrich vor, und kam bald hinter
die wahre Urſache der rothen Augen. Da
brach ihr denn das Mutterherz, und als fie
gar die Striemen und Schwielen auf den
Armen und dem Rücken ihres Mätgchens
fahe, fiel fie beynahe in Ohnmacht. Aber
was follte fie thun? Den Paſtor davon
benachrichtigen? — Das ging nicht: denn
der Paſtor pflegte ſtets zu ſagen: an
Knaben ſey kein Schlag verloren, als
der, welcher neben abfiel. Ja, ſagte er
oft, ſelbſt Achilles hat Hiebe bekommen,
daß er hätte mögen ſchwarz werden; der
glaubwürdige Autor Ovidius erzählt ſehr
energiſch im erſten Buche ſeines ſchönen
Werkes von der Kunſt zu lieben, daß Chi=
ron der Centaur, das iſt ein Kerl halb
Menſch und halb Pferd, dem Achilles recht=
ſchaffen auf die Pfoten gehauen habe,
wenn er nicht lernen wollte.

Quas

Quas Hector fensurus erat, pof-
cente magiftro,
Verberibus jufsas praebuit ille
manus.

Wer war aber Achilles? Ein Sohn
der Göttin Thetis war er, und der größte
Held der alten Zeit; was sind aber unsere
Jungen? Schlunkse sind's, elende Tau=
genichtse, aus denen nichts werden kann,
wenn sie nicht ausgegerbt werden, wie die
Tanzbären. Also nur zugehauen; sie wer=
den's ihren Lehrmeistern dereinstens gewiß
noch danken.

Bey dem Pastor war also keine Hül=
fe wider des Cantors Despotismus zu su=
chen, und doch konnte Sibyllchen nicht zu=
geben, daß ihr Hanhenrich alle Tage so
erbärmlich durchtrischakt wurde. Was war
daher zu thun? Sie mußte selbst Hand an=
legen, um ihrem Söhnchen seine traurige
Lage zu erleichtern. Als daher der Pastor
nach seiner und fast aller Herren Amts=
brüder Gewohnheit, über Land gegangen
war,

war, um einen guten Freund abzustoßen, steckte sie einige Loth Kaffee und ein Viertel Pfund Zucker in die Tasche, nahm auch ein Päckchen A B-Tabak nebst einer Flasche Schnapps mit, und besuchte die Frau Cantorin, welche sie sehr höflich bat, doch die Milch zu einem guten Kaffee herzugeben. Die Frau Cantorin war sehr willig dazu, und der Kaffee ward fertig. Unterdeß kam Herr Schönleben aus der Schule.

Ih, sagte der Herr Cantor, Jungfer Sibyllchen, wie hat denn unser einer einmal die Ehre, Sie in seinem Hause zu sehen?

Sibylle. Wollte mich doch erkundigen, ob mein Hanhenrich auch hübsch fleißig ist, und brav lernt.

Cantor. Flüchtig ist er, Jungfer Sibyllchen, aber es wird schon kommen.

Sibylle. Sie trinken doch eine Tasse mit, Herr Cantor?

Cantor. O ja, mit Permission, wenn's erlaubt ist; denn ich merke schon,

Jung-

Jungfer Sibyllchen hat Kaffee und Zucker mitgebracht. — Wir trinken allen unsern Kaffee mit Syrup oder mit Thomaszucker; der ordinäre Zucker ist jetzt höllenmäßig theuer. — Will mir aber erst eine Pfeife machen.

Sibylle. Was rauchen Sie für Taback, Herr Cantor?

Cantor. Je nun, Cantors-Taback, Knaster drey Ellen um den Leib für einen Kreuzer. Die Zeiten sind gar zu schlecht.

Sibylle (zieht das Päckchen A B heraus). Wollen Sie den da probiren, Herr Cantor.

Cantor. Ih schaut doch mal, das ist ja A B von der Sorte, die der Herr Pastor und der Herr Superintendent zu Gießen rauchen. Das ist bey mir rara phrasis, die ich notiren werde, weil sie selten occurrirt. (nimmt einen allmächtigen Pfeifenkopf und stopft ihn.) Ah, nun hab' ichs schon gemacht: die Pfeife ist verstopft. Mit Permission, Jungfer Sibyllchen: ich werde mein Nahrungspfeifchen holen.

Sibylle.

Sibylle. Nach Belieben: der Taback soll ja Ihre seyn.

Cantor. Das ganze Päckchen?

Sibylle. Ja wohl; hab's ja für Sie mitgebracht.

Cantor. Gaudeamus igitur — das soll mir wohl bekommen: werde das Bißchen guten Taback für die Sonntage sparen.

Sibylle. Ist nicht nöthig, mein Vetter, der Kaufmann Host zu Gießen versieht mich mit dergleichen, wenn ich es haben will: mein Hanhenrich soll Ihnen jede Woche ein Viertelpfund bringen.

Cantor. Werde wieder erkenntlich seyn, Jungfer Sibyllchen. Aber jetzt muß ich mich recommandiren?

Sibylle. Und wohin wollen Sie, Herr Cantor?

Cantor. Zum Nachbar Bierlümmel.

Sibylle. Der ist vorhin in die Schenke gegangen.

Cantor. Ih nun, so geh' ich auch dahin: hab' ohnehin heut noch keinen Wurf gemacht.   Sibylle.

Sibylle (zieht ihr Fläschchen hervor).
Ists gefällig, Herr Cantor.

Cantor. Ah, ah! (thut einige derbe
Züge) Excellenz, bey meiner armen Seele!
Wo haben Sie diesen Concursus Triefela-
rum hei?

Sibylle. Von meinem Vetter Höpf-
ner zu Gießen *). Er schickt mir dann und
wann ein Fläschchen. Wenn ich künftig wieder eins kriege, sollen Sie immer etwas davon abhaben. Nur bitte ich, daß mein
Hanhenrich —

Cantor. Sorgen Sie nicht, Jungfer
Sibyllchen: er wird schon werden.

Sibylle. Aber der Junge ist so schön:
wenn Sie ihn hart angreifen sollten, Herr
Cantor —

Cantor. Versteh' schon, versteh schon.
Laſſen Sie mich nur machen, Jungfer Sibyllchen: soll schon werden.   Was

*) War ein berühmter Diſtillateur, und darf
mit dem Commentator der Inſtitutionen
Höpſner, welcher ehedem auch in Gießen die Rechte lehrte, nicht verwechſelt
werden, doch waren beyde nahe Vettern.

Eulenkapper.   D

Was wirklich geworden ist, errathen
meine Leser ohne meine weitere Auseinander=
setzung. Hanhenrich erhielt keine Hiebe mehr:
denn Sibylle hielt Wort, schickte dem Can=
tor jede Woche ein Viertelpfund A B = Ta=
back, dann und wann ein Butelchen mit
Schnapps, und besuchte bisweilen die Frau
Cantorn, um dort den mitgebrachten Kaffee
bereiten zu lassen.

Fünftes Kapitel.
Gespenster.

Der Pastor Simon, Eulerchens, uns
sers Helden wirklicher Vater, verlor um
diese Zeit seine geliebteste Gattin Frau Bar=
zugreta Maultasche, geborne Quodammoda=
rius, durch einen Indigestionszufall, wel=
chen sich die Frau Pfarrin auf einem Kinds=
taufenschmaus zugezogen hatte. Caspar, der
Knecht des Herrn Pastors, ein lustiger Ge=
selle, machte der Magd Anne Margarethe
weiß, die Frau Pastorn spucke, oder nach
bor=

dortiger Mundart, sie webere und wandere; um das abergläubige Ding recht ins Bocks= horn zu jagen, behing sich Caspar mit einem weißen Lacken, und erschien derselben im Kuhstall: das Mädchen war halb todt vor Schreck, und Caspar, welcher ihr nach abge= legter Vergespensterung zu Hülfe gekommen war, mußte sie ins Haus führen, weil sie nicht allein gehen konnte.

Eben kam der Pastor von seinem Ge= vatter dem Dorfschulzen zurück, und erschrak, als er seine Magd in solchen desolaten Um= ständen erblickte. Hastig fragte er, was ge= schehen sey; aber der schlaue Caspar stellte sich, als wüßte er vom hellen Tage nichts, und berichtete, wie er mit Anne Margare= the ein Wort über die bevorstehende Ausputz= zung des Taubenschlags habe reden wollen, und wie er sie im Kuhstall beynahe ohne Le= ben gefunden habe; weiter sey ihm nichts bekannt.

Jetzt quästionirte der Pastor die Anne Margarethe selbst, aber er mußte lange war=

ten,

ten, bis er endlich eine Antwort erhielt, wel=
che doch nur in den abgebrochnen Worten
„ach lieber Gott, die selige Frau" bestand.
Wäre der Pastor kein Hasenfuß gewesen, so
würde er diese Worte nicht verstanden ha=
ben, aber er war ein Geck, welcher, wie alle
seine damaligen Herren Amtsbrüder in ganz
Hessenland, den Kopf voll von Gespenstern, He=
xen, Unholden und Kobolden hatte, und als
ein solcher Geck fiel er darauf, die selige
Frau müsse der Magd erschienen seyn. Ei=
nige Worte, welche er in der Angst ausstieß,
belehrten den Knecht Caspar, daß sein Herr,
der Pastor, nicht klüger wäre, als die Magd,
und er beschloß auf der Stelle, Nutzen aus
dieser Entdeckung zu ziehen.

Die Ursache, warum Caspar die Gau=
keley mit der Magd angefangen hatte, war
die Absicht, daß Anne Margarethe ihre
Schwester Bärbel, welche Caspar caressirte,
bey sich möchte schlafen lassen, um nicht al=
lein in ihrer Kammer zu seyn. Zu dieser hoff=
te er durch das Kammerfenster steigen zu kön=
nen,

nen, und das ganz sicher, da er den festen
Todesschlaf der Anne Margarethe wohl kann=
te. Nun aber sahe er, daß der Pastor selbst
im Bockshorn war, und erbot sich, die Nacht
im Hause zu bleiben, wenns etwan dem
Herrn Pastor nicht wohl wäre: er wolle bey
ihm wachen. „Das ist nicht nöthig, sagte
der Pastor: aber einen Gefallen thust Du
mir, wenn Du im Nebenzimmer schlafen
willst, daß ich Dich gleich rufen kann, wenn
mir etwas zustößt: denn mir ist nicht wohl.‘‘
Caspar versprachs, und lachte den Pastor und
die Anne Margarethe in die Faust recht=
schaffen aus.

Anne Margarethe war endlich wieder
völlig zu sich gekommen, und der Pastor exa=
minirte sie nun genauer, und erfuhr zu sei=
nem höchsten Leidwesen, daß die selige Frau
herum spucken gehe. Er wollte zwar thun,
als glaube er das Mährchen nicht, aber An=
ne Margarethe berief sich auf das Zeugniß
ihrer Augen, und auf Caspars Aussage, wel=

cher

cher sie schon eher gesehen hatte, und der
Herr Pastor hatte nichts mehr einzuwenden,
indessen bat er die Magd, nichts von dem
Vorfall gegen die Dorfleute zu erwähnen, und
rief den Caspar auf seine Stube, um ihm das
nämliche Verbot zu geben. Caspar versprach
nicht nur, den Willen seines Herrn in diesem
Stück zu erfüllen, sondern versicherte noch
dazu, daß er sich vor Gespenstern gar nicht
fürchte; er sey in seiner Jugend eine lüders
liche Fliege gewesen, und unter die Kayser=
lichen gegangen: in seiner Garnison zu Lu=
remburg habe er auf der Teufelsschanze gar
oft den daselbst alle Nacht von eilf bis eins
Schildwache stehenden Teufel abgelöset, und
sey zum öftern von wohlgedachtem Teufel ab=
gelöset worden: darauf sey er desertirt, und
habe May tische Dienste genommen, da sey
ihm der alte Churfürst Ostrin oft nahe genug
gekommen, aber er habe ihm nie geschadet.
Kurz man habe sich vor Spökedingern, Un=
geheuern, Kobolden, Gloinichen, Ungethü=
men und andern Gespenstern, wie sie auch
Namen

Namen haben möchten *), ganz und gar
nicht zu fürchten, nicht einmal vor dem Ober-
vorsteher aller Gespenster, dem Meister Urian
selbst. Es sey zwar eine ausgemachte Wahrheit, daß es Spökedinger gäbe: wer daran
nicht glauben wolle, müsse entweder ganz
dumm, oder ein ganzer Freygeist seyn; doch
könnten einem die Spökedinger nichts schaden, wenn man nur seine Schuldigkeit thäte,
und sich nicht frech gegen sie betrüge.

Dieser Theorie pflichtete der Herr Pastor zwar von ganzem Herzen bey, aber die
Furcht vor den Gespenstern legte er doch nicht
ab. Deshalben mußte Caspar neben ihm in
einer Stube schlafen, und Anne Margarethe nahm mit des Pastors Bewilligung ihre
Schwe-

*) Z. B. die weiße Frau zu Berlin und zu
Darmstadt, das arge Klotz zu Mann-
heim, der Mönch zu Halle, der Schwuntsch
zu Ettenheimmünster in der Botenau,
der Schlappohr und das Muhtalb, der
feurige Mann, in Hessen Gloinich genannt, die Irrwische, welches die See-
len der ungetauften Kinder sind, u. f. w.

Schwester Bärbel alle Nacht zu sich. So=
bald diese merkte, daß Anne Margarethe fest
schlief, schlich sie sich von ihrer Seite weg,
und legte sich an Caspars Seite: beyde lach=
ten alle Mal über die leichtgläubige Furcht=
samkeit des Herrn und der Dienstmagd, und
gaubirten sich, daß sie klüger waren, als der
studirte Pastor. Bisweilen mußte Bärbel in
des Pastors Schlafzimmer kommen, wenn
der Mond nämlich schien, und ihm von wei=
tem winken. So oft dies geschah, klopfte
der Pastor seinem Caspar, welcher auch bald
herzu lief: nun verschwand das Gespenst, und
Caspar hatte alle Mühe, das Lachen zu ver=
beißen, wenn der Pastor hoch und theuer
versicherte, die selige Frau sey wieder da=
gewesen.

Caspar hütete sich zwar, so gut wie
Bärbel, von den Vorfällen im Pfarrhause,
und dem daselbst erscheinenden Gespenst das
Geringste unter die Leute zu bringen; aber
Anne Margarethe war hierin desto ge=
schäftiger, und verbreitete die Neuigkeit,

daß

daß die selige Frau Pastorin im Grabe
keine Ruhe hätte, und immer sichtbar wür=
be, im ganzen Dorfe. So eine Nach=
richt mußte allerdings in einem Dorfe und
bey einer Bauerschaft, wo der Glaube
an Gespenster regiert und selbst von dem
Geistlichen so unterhalten wurde, wie es
damals in ganz Heßenland zu geschehen
pflegte, Angst und Schrecken verbreiten.
Nun gings an ein Erklären, woher es doch
kommen möge, daß die selige Frau her=
umgehen müße, da sie doch bey ihren Le=
ben kein Kind betrübt hätte, und ein Mu=
ster einer stillen, fleißigen Hausmutter ge=
wesen wäre. Sie war sehr christlich ge=
storben, und hatte das h. Sacrament noch
eine Stunde vor ihrem Tode bekommen,
und mußte doch wandern. Dies war ein
Problem, welches der Cantor in der
Scheute durch das Beyspiel jenes Parifer
Doctors zu lösen suchte, der auch vor den
Menschen für einen Heiligen paßirte, und
doch nach seinem Tod bekannte, daß er
vor

vor dem gerechten Gericht Gottes ver-
dammt worden sey. Die Optimaten des
Dorfes, der Herr Schulz, der Gerichts-
schöppe und einige andere gaben dem
Cantor Beyfall; aber die Meisten zogen
die Erklärung der Frau Röpelin vor,
welche im ganzen Dorfe für eine Geister-
seherin gehalten wurde. Diese Frau Röpelin gab folgendes an: die selige Frau
habe nun und dann gelacht; und dabey
immer ihre Zähne sehen lassen. Es sey
aber eine schreckliche Sünde, beym Lachen
die Zähne herzuweisen; deßhalb sey sie
zwar nicht in der Hölle und in der Qual,
der Teufel habe nichts mit ihr zu schaffen,
aber sie müsse dessen ungeachtet eine Zeitlang
spuken gehen.

Dem Pastor kam dies alles zu Ohren,
aber er war ja selbst überzeugt, deßwegen
seufzete er nur und schwieg.

———————

Sech-

Sechstes Kapitel.
Gute Aspecten.

Gerade um diese Zeit starb der Herr Pastor Selsam zu Kirchberg, und Hanhenrich verlor eine Hauptstütze. Er war zwölf Jahr alt, und seine Mutter entschloß sich, ihn confirmiren zu lassen und dann zu einem Schneider in die Lehre zu bringen. Selsams Nachfolger, der Pastor Jäger, verrichtete in aller Geschwindigkeit das Erste, und confirmirte den Jungen trotz seiner gewaltigen Ignoranz. Er approbirte sehr Sibyllens Vorhaben, den Jungen einen Schneider werden zu lassen; sie selbst sollte wieder Haushälterin bey ihm werden, da sie den vorigen Herrn so gut bedient hatte.

Von ungefähr kamen sie auf den Ursprung des jungen Hanhenrichs zu sprechen, und da gestand Sibylle die reine Wahrheit, daß nämlich der Pastor Simon zu Sauerkrautshausen der wahre Vater desselben sey.

„Hm,

„Hm, hm, sagte Pastor Jäger, das ist doch abscheulich, daß der Pastor Simon sich des Jungens gar nicht annimmt. — Aber stille, ich werde mit ihm reden."

Pastor Jäger hatte einst mit Pastor Simon in Gießen studiert, war sein Stubenbursche gewesen und hatte mehrmals beym Commersch zu Wieseck und zu Heuchelheim contrapräsidirt, wenn Simon, dessen Baßstimme und große Kenntniß der Commerschlieder ihn öfters zum Vorsitz bey dergleichen Saufgelagen qualificirte, den ersten Präses machte. Nun entschloß er sich, eine Reise nach Sauerkrautshausen zu machen, und zu versuchen, ob er den Pastor Simon nicht zu einiger Unterstützung des jungen Eulers bewegen könnte; zu Fuß ging er daher nach Gießen, nahm daselbst vom Caffetwirth ein Pferd, und ritt zu seinem Freund.

Pastor Simon war hoch erfreut, einen alten Bekannten und Universitätscumpan einmal wiederzusehen; denn Pastor
Jäger

Jäger war lange Zeit in einer entfernten Gegend als Caplan angestellt gewesen. Beyde Freunde fingen damit an, daß sie sich an ihre allen ehemals verübten Stückchen erinnerten, und dabey einen Schnapps über den andern machten. Der Spiritus kam beyden endlich in den Kopf, und so gestanden sie sich wechselsweise ihre geheimsten Stückchen; sogar bekannte Freund Simon, daß er ehemals auf der Kirchenvisitation, als er den Superintendenten Quodammodarius begleitete, einen nächtlichen Besuch bey der Köchin des Pastors zu Kirchberg abgestattet habe, und daß er nicht zweifle, ein gewisser Junge sey die Folge jenes Besuchs.

Jäger wollte mit seiner Strafpredigt und Ermahnung nicht eher loslegen, bis sein Freund und er würden völlig nüchtern seyn, und ging mit demselben zu Bette. Caspar, welcher gesehen hatte, daß die Herren wohl getroffen waren, beschloß, das Gespenst erscheinen zu lassen, und da

Bär:

Bärbel noch nicht da war, hing er sich selbst das Bettlaken um, und kam ziemlich ungestüm in das Schlafzimmer. Die beyden Pastoren schlummerten schon, über das Geräusch, welches das Gespenst machte, indem es die große, auf dem Tisch liegende Concordanz nebst der großen Bibel in Folio auf die Erde warf, weckte sie auf; sie erblickten beym Mondenschein eine weiße Figur, und krochen unter die Bettdecke. Ob sie gleich ziemlich benebelt waren, und heroische Köpfe hatten, so getrauete sich doch keiner von ihnen, den Geist anzureden, und noch weniger demselben zu Leibe zu gehen. Caspar hob die Concordanz und die Bibel wieder von der Erde auf und legte sie auf den Tisch, denn nach der ächten Gespenstertheorie kann zwar ein Geist etwas auf die Erde werfen, aber es muß hernach doch wieder an seinem rechten Orte seyn, sonst war es kein Geist, der die Sache herunter geworfen hat.

Die

Die Pastoren sprachen kein Wort mit einander, und schliefen endlich ein. Beym Frühstück fragte Pastor Jäger seinen Freund, was das Nachtgesicht zu bedeuten habe? „Ach Gott, erwiederte dieser, der Geist meiner seligen Frau kann nicht ruhen; er kommt aus der andern Welt zurück, und setzt uns alle im Hause in Furcht und Schrecken."

P. Jäger. Curjos! Ich dächte doch, Deine selige Frau sey so eine brave christliche Matrone gewesen.

P. Simon. Das war sie auch: und eben deswegen kann ich nicht begreifen, warum sie der liebe Gott ihrer Ruhe beraubt.

P. Jäger. Höre Bruder, Du erzähltest mir gestern Abend von Deinem Umgang mit des Pastors zu Kirchberg Haushälterin.

P. Simon. Ja wohl: aber Du wirst doch nicht davon ausschwätzen?

P. Jäger. Warum nicht gar! Denkst Du denn, daß ich den Comment nicht verstehe?

stehe? Schwerenoth, nichts kommt schustiger heraus, als seiner Freunde Heimlichkeiten ausplaudern. Sey also ohne Sorgen, mei=netwegen nämlich: aber sage mir doch, wuß=te Deine Frau, daß Du einen Jungen ge=macht hattest?

P. Simon. O ja, sie hatte es von ihrem Bruder, dem Superintendenten Quo=dammodarius erfahren: aber sie machte sich nichts draus, und spaßte oft darüber, wenn wir so allein waren.

P. Jäger. Hm, hm, mir geht ein Licht auf.

P. Simon (neugierig). Wie denn so, Herr Bruder?

P. Jäger. Deine Frau wußte, daß sie nicht eigentlich Deine Frau seyn sollte, und ward es dennoch. Deßhalben muß sie nun spucken, und wird nicht eher Ruhe ha=ben, als bis Du Deinen Fehler wieder gut machst, oder bis Du gar stirbst.

P. Simon. Wie kann ich aber meinen Fehler wieder gut machen.

P. Jä=

P. Jäger. Du mußt Deiner Ver= führten und Deinem Sohn satisfaciren?

P. Simon. Soll ich denn die Per= son etwa gar heyrathen?

P. Jäger. Das ist nicht nöthig: denn Sibylle begehrt und verlangt das selbst nicht. Aber für Dein Kind mußt Du sorgen. Ich dächte, Du nähmst den Jungen zu Dir, und machtest den Leuten weiß, Dein Freund, der verstorbene Pastor habe Dir ihn empfohlen. Thust Du das, so wird die Spukerey in Dei= nem Hause bald aufhören.

Der Pastor Simon war alles zufrie= den, und froh, seiner verstorbenen lieben Barzobarba Maultaschin Ruhe im Grabe verschaffen zu können.

Gutes Muths ritt Pastor Jäger wieder zurück nach Kirchberg, und machte Anstalt, daß der junge Hanhenrich nach Sauerkrauts= hausen gebracht wurde, wo ihn sein Vater mit aller Zärtlichkeit empfing, ohne sich je= doch im geringsten merken zu lassen, daß er ihm näher verwandt sey, als ein vaterloses

Eulerkapper.   E   ihm

ihm von einem Freunde auf dem Todbette
empfohlnes Kind.

Doch würden wahrscheinlich die Ge-
spenstereyen fortgewähret haben, wenn sich
nicht mit Caspar und Bärbel ein Zufall ereig-
net hätte, welcher der Spukerey ein Ende
machte. Bärbels Mutter merkte Unrath an
ihrer Tochter, und gab ihrem Manne davon
Nachricht. Nun mußte Bärbel ein strenges
Examen aushalten, und gestand unter Heu-
len und Schluchzen, daß es nicht richtig
mehr mit ihr, und daß der Pfarrknecht
Caspar an dieser Unrichtigkeit Schuld sey.
Bärbels Vater über diese Nachricht schreck-
lich aufgebracht, rennte zum Pastor, und erzählte ihm den Vorfall; der Pastor griff in
seinen eignen Busen, und ermahnte den Bauer
zur Geduld; es könne ja noch alles gut werden; Caspar sey ein guter Kerl, und wenn er
Bärbeln heyrathete, so möchten beyde sehen
wie sie zurechte kämen. Der Bauer gab diesen Vorstellungen Gehör, und überließ es
dem Pastor, die Sache einzuleiten.

Nun

Nun nahm der Paſtor ſeinen Caſpar
vor, und Caſpar leugnete nicht, auch fand er
ſich willig, Bärbelchen unter die Haube zu
bringen, und damit war denn die ſchlimme
Sache abgethan, nur daß beyde arme Sün-
der nach der damaligen, nun aber auch ſogar
im Heſſen-Darmſtädtiſchen abgeſchafften Unart, öffentlich Kirchenbuße thun, und einiges
Strafgeld pro fornicatione an die hohe
Obrigkeit bezahlen mußten.

Caſpar und Bärbel hatten keinen Grund
mehr, das Geſpenſt zu machen, und ſo hörte dann die Spukerey im Pfarrhauſe zu Sau-
erkrautshauſen auf.

Siebentes Kapitel.
Eulerchen muß ſtudieren.

Eulerchen, oder unſer Held Hanhenrich, erhielt bald die Gunſt und Zuneigung
ſeines Vaters, und wußte ſich dermaßen in
denſelben zu ſchicken, daß dieſer die Stund-
ſegnete, wo Hanhenrich in ſein Haus ge-
kom-

kommen war. Der junge Mensch beforgte
ihm im Garten seine Blumen, begoß Aesche
und Beete zur rechten Zeit, machte ihm alle
seine Pfeifen ordentlich rein, stopfte sie ihm,
und wenn der Pastor nach einer griff, so
war Haußenrich gleich mit dem Kohlenpfänn=
chen oder mit einem Fidibus da. Durch der=
gleichen Aufmerksamkeiten, und dadurch, daß
er stets liebes Papachen sagte, ohne zu wis=
sen, daß dieser Ausdruck sehr richtig war,
machte er sich dem guten Pastor unentbehrlich.

Herr Simon hatte keine Lust, sich wie=
der zu verheyrathen: er hatte ja sein Gutes
in seiner Jugend empfangen; deßhalben ent=
schloß er sich, mit seinem Sohn zu leben, und
dessen Glück zu machen. Aber wie sollte er
dieß anfangen? Die Mutter hatte ihn zwar
zum Schneiderhandwerk bestimmt, aber der
Pastor, sein Vater, hatte einen Abscheu vor
allen Schneidern; weil ihm der Schneider
Bach zu Gießen einst, als er zu dessen Frau
steigen wollte, das Leder mit der Elle erbärm=
lich ausgegerbt hatte. Der Junge sollte
über=

überhaupt gar kein Handwerk lernen: denn
er hätte doch Geselle werden müssen: alle Ge=
sellen aber, die einzigen Buchdrucker ausge=
nommen, sind nach dem ächten Burschenaus=
druck Gnoten. Nun war der Pastor ehe=
mals Senior seiner Landsmannschaft in Gie=
ßen gewesen, die Gnoten mußten ihm daher
sammt und sonders ein rechter Dorn in den
Augen seyn. Oft sang er noch, unter andern
schönen Liedchen, die erbauliche Strophe

    Gnot, Gnot,
  Du bist nicht befugt!
  Läutre Deine Augen hier,
  An unserm doppelten Bier:
    Gnot, Gnot.
  Du bist nicht befugt!

Wie sollte er nun haben zugeben können, daß
sein Herzblättchen ein Gnote würde? Es
blieb daher nichts übrig, als das Bürschchen
studieren zu lassen, und dazu entschloß er sich
rasch. Er citirte seinen Liebling, welcher
eben mit den Gassenbuben beschäftigt war,
das durch das Dorf laufende Regenwasser
durch einen aus Gassenkoth geformten Damm
aufzu=

aufzuhalten, und so eine Art von Teich mitten auf der Straße zu machen, auf seine
Stublerstube. Hanhenrich war über und über
durchnäßt und starrte von Koth: „ey du
Schlingel, sagte der Pastor, doch in einem
eben nicht erschreckenden Ton, wie siehst Du
aus? Was hast Du gemacht? Sprich!

Hanhenrich. Hab Schwellen gemacht.

Pastor. Aber sag' an, Schliffel, was
soll aus Dir werden? Willst Du denn immer auf der Gasse liegen und mit den Buben
Klickern, Balliches und Tzmeh spielen,
Burzelbaum und Rad schlagen? Willst Du
denn nichts lernen?

Hanhenrich. Hab' ja gelernt genug:
bin ja confirmirt, und gehe nicht mehr in die
Schule.

Pastor. Meynst denn Du, daß Dir
einer nur einen Heller für das Zeug geben
werde, was Du weißt? Du weißt ja gar
nichts, und kannst kaum lesen und kritzelst
Buchstaben, — die Truthühner scharren sie
besser in den Sand! Wenn ich nicht wüßte,
daß

daß — ja dann dächte ich, Du wärst
dumm: aber so mag wohl die Schuld an
dem Rindvieh, dem Cantor Schönleben liegen, daß Du nichts gelernt hast. Aber in
Zukunft muß die Sache anders angefangen
werden: denn Du sollst studieren.

Hanhenrich. Was ist denn das,
Studieren, liebes Papachen?

Pastor. Du sollst was rechts lernen, so zum Beyspiel wie ich, damit Du
auch Pastor wirst, wie ich.

Hanhenrich. Pastor? Ich? Da
müßt' ich ja auch predigen?

Pastor. Allerdings.

Hanhenrich. Und auch Kinder taufen?

Pastor. Natürlich.

Hanhenrich Und auch 's Nachtmal
halten?

Pastor. Versteht sich.

Hanhenr. Und auch mit zur Leiche
gehn?

Pastor.

Paſtor. Nicht anders.

Hanhenr. Juchhey! liebes Papas
chen, ich werde Paſtor. Laſſen Sie mich
immer auf paſtoriſch in die Lehre gehn;
oder wollen Sie ſelbſt mein Meiſter
werden?

Paſtor. Nicht doch, ich will Dich
auf die Schule ſchicken, und dann auf die
Univerſität, und hernach ſollſt Du ſchon
Paſtor werden, laß Du's nur gut ſeyn;
jetzt geh aber, ich muß auf meine Predigt
ſtudieren.

Hanhenrich rannte fort, und erzählte
ſeinen Kamraden, den Straßenjungen, daß
er nun bald aufhören würde, ihres Gleichen
zu ſeyn: er müſſe nämlich ſtudieren, und
Paſtor werden. Die Jungen lachten ihn
aus, und ermahnten ihn die angefangene
Waſſerſchwelle vollenden zu helfen; aber
Hanhenrich war nicht dazu zu vermögen;
ein künftiger Paſtor, habe liebes Papachen
geſagt, dürfe nicht mehr mit Gaſſenjungen
herumfahren, und ſich mit ihnen im Dreck
wäl-

wälzen. Die Jungen ärgerten sich über
den neuen Moralisten, und einige größere
Dorfschlingel nahmen sich vor, den unzei-
tigen Stolz des Menschenkindes zu demü-
thigen, und ihn für seine Impertinenz zu
züchtigen; aber sogleich ging das nicht an,
denn sie fürchteten sich vor seinem Pflege-
vater und Patron, dem Pastor; welchen
nach dem Genius der damaligen Zeit ein
zur großes Ansehen in seinem Dorfe hatte.

Der Pastor bemerkte mit innigem Vergnügen, daß sein Hanhenrich zwar nicht
gänzlich die Gesellschaft seiner Kameraden
vermied, aber doch keins ihrer Spiele mit-
machte; er schrieb diese Veränderung seinen
Ermahnungen zu, und doch war es nichts,
als dummer Dünkel und abgeschmackte
Einbildung, welche den schwachköpfigen,
unwissenden Hanhenrich von den Gassen-
possen und Gassenspielen zurückhielt.

Achtes

Achtes Kapitel.

Es spukt vor.

Gern würde der Pastor Simon seinen Haubenrich selbst unterrichtet haben,
wenigstens in den ersten Anfangsgründen
der Sprachen und andern jugendlichen
Kenntnissen, wenn er nicht zu unwissend
und zu faul dazu gewesen wäre. Er beschloß daher, ihn auf eine Schule zu schik-
ken; um ihm aber doch etwas beyzubringen, erklärte er ihm bey einer Pfeife Tabak dann und wann die Pastoraltheologie,
und zeigte ihm, wie man predigen, Kinder taufen und andere dergleichen Dinge
verrichten müsse.

Haubenrich fand an dieser Institu-
tion Gefallen, und bestürmte Liebpapachen
mit einer Menge Fragen, daß dieser endlich ärgerlich wurde, und den ungestümen
Frager an die Agende oder Kirchenordnung
verwies, wenn er mehr von solchen Spä-
nen, wie er sagte, wissen wollte.

Nun

Nun fing Mosjeh Hanhenrich an, die Kirchenagende selbst zu lesen, und fand so viel Geschmack daran, daß er manches davon auswendig behielt; z. B. die Tauf- und Nachtmalsformel, den Ehesegen und dergleichen mehr.

Nachdem er ungefähr vierzehn Tage auf diese Art studiert hatte, befand er sich eines Sonntags in der Gesellschaft seiner Kameraden, welchen er die Fortschritte erzählte, die er in der Pfarrprofession gemacht hatte. Die Jungen hörten ihn an, schüttelten die Köpfe, ärgerten sich, und einer von ihnen sagte: „Du magst das Pfarrhandwerk schon groß verstehen, Du siehst gerade darnach aus."

Hanhenr. Höre, Haupeter, da ich jetzt Pfarrer werde, darfst Du nicht mehr Du zu mir sagen. Er mußt Du sagen, verstehst Du mich?

Junge. So? das hab' ich nicht gewußt. Aber dann mußt Du zu uns auch Er sagen.

Han-

Hanhenr. Will wohl. Aber höre Er Du Hanpeter, Er muß auch Deinem Vater sagen, daß er nicht mehr Du zu mir sagt. Ich werde ja einmal Pastor.

Junge. Was hast Du denn — wollte sagen: was hat Er denn schon von der Pastorey begriffen? Wie weit ist Er schon in Deinem Handwerk gekommen?

Hanhenr. Ich kann predigen, Kinder taufen, das Nachtmal halten und Todte begleiten.

Junge. Jeh, denn kann Er ja schon alles, was zum Pastor gehört. Höre Du Hanhenrich, predige Er einmal.

Hanhenr. Ja, ja, wenn Ihr alle hübsch still seyn wollt.

Die Jungen versprachen, ruhig zu seyn, wenn Hanhenrich predigen würde, und dieser nahm den ganzen Haufen mit nach der Pfarrscheure, welche die Kirche vorstellte. Hier stellte sich Hanhenrich auf einen Karren, und fing an zu predigen.

Einige

Einige Sprüche die er auswendig wußte,
einige Verse aus dem Gesangbuche, nebst
öfterer unzusammenhängender Auführung
der Wörter: Gott, Jesus Christus, Erlö=
ser der Welt, großer Weltbezwinger Alexan=
der, Teufel, Himmel, ewige Seligkeit,
Hölle, Verdammniß u. d. gl. machten den
Inhalt der Predigt aus. Am Ende kam
das Vater Unser und das Amen.

Die Jungen erstaunten über Hanben=
richs große Geschicklichkeit; denn sie hatten
ihren Pastor schon zum öftern gehört, wa=
ren aber auch nicht mehr durch dessen Re=
den erbauet und belehrt worden, als durch
die des Hanhenrichs. Aber ein älterer
Junge, welcher zu Frankfurt am Mayn in
der Lehre, damals aber gerade zu Hause
war, verstand das Ding etwas besser, und
um die Comödie vollkommen zu machen,
schlug er vor, Hanhenrich sollte jetzt auch
taufen, und das Nachtmal halten.

Meinetwegen, sagte Hanhenrich, holt
mir nur ein Kind her, ich will's gleich
taufen.   Es

Es ist kein ungetauftes Kind im Dorfe, schrien die Jungen.

Ja, sagte der große Junge, welcher zu Frankfurt in der Lehre war, es ist ja bloß um zu sehen, ob er taufen kann. Hole doch einer einen jungen Hund, oder eine Katze.

Ja, ja, schrien die Jungen, und gleich war eine junge Katze da. Ein Kübel mit Wasser wurde geholt, und Hanheurich taufte das Thier, welches man herbey geschafft hatte, in der besten Form, gerade wie es in der Agende vorgeschrieben war. Ein Junge und ein Mädchen vertraten Pathenstelle, und das Kätzchen erhielt den christlichen Namen Henriette Friederike. Als aber der Herr Baptiste das Thierchen zum dritten Mal besprengte, biß es um sich, und verwundete ihn in die Hand. Vor Schmerz ließ er daher auf das letzte Wort der Taufformel, Geißtes, gleich diese Exclamation folgen: krieg die Schwerenoth du Luder, hast mich in die Hand gebissen,

biſſen, und warf die neugetaufte Henriette
Friederike weit von ſich weg.

„Halt, Er zeigt auch's Nachtmal,
riefen die Jungen, getauft hat Er troß
dem Paſtor; jeßt wollen wir ſehen, wie
Er's Nachtmal hält, das wird Er aber wohl
nicht können."

Die Bauern in jener Gegend backen
meiſtens alle Sonntage Kuchen, und da
es jeßt eben Sonntag war, ſo hatten faſt
alle Jungen Kuchen bey ſich. Im Augenblick war auf Befehl des Paſtors Hanhenrich eine Menge runder Kuchenſtückchen ge-
ſchnitten; ein Junge holte einen großen
Krug Bier, in Ermangelung des Weins,
ein Schnappsglas diente ſtatt des Kelchs,
und Hanhenrich hielt das Nachtmal ſub
utraque ſpecie zur großen Satisfaction
aller Communicanten.

Nun wurde auch ein Begräbniß gehalten. Ein krepirtes Kaninchen war die
Leiche, Hanhenrich hing eine ſchwarze
Schürze ſtatt des Chorrocks um, und ſteckte
ſich

sich ein Pfäffchen von Liebpapachen vor. Vier Jungen waren die Träger, und die andern sangen das Lied:

> Wenn mein Stündlein vorhanden ist,
> Und ich soll fahr'n mein' Straße u. s. w.

Der Leichenzug ging über die Gasse nach dem Kirchhof, welcher an allen Seiten offen war, wie der Hallische Soldatenkirchhof, wo geschwind ein Grab gemacht, und das Kaninchen verscharrt wurde. Man betete ein andächtiges Vater Unser, und eben wollten die Leichenbegleiter abziehn, als einige Bauern, welche den Scandal bemerkt hatten, hinzusprangen und mit Prügeln drein schlugen. Die ganze Leichenbegleitung zerstreute sich, und nun kam das ganze Dorf in Alarm. Die heilige Erde ihres Kirchhofs war durch's Begräbniß eines Thiers profanirt und gänzlich entheiliget worden. — Eben kam der Pastor von seinem Besuch zurück, und die Bauern erzählten ihm erst die Bescherung von der Profanation des Kirchhofs. Der Pastor schüttelte gewaltig mit dem

dem Kopfe, und gab Order, das Thier her⸗
auszugraben, und die Entheiliger vorzufor⸗
dern. Der Pastor, der Dorfschulze, der
Cantor und zwey Kirchenältesten waren die
Richter, vor welchen die Beklagten, näm⸗
lich Hauhenrich und Consorten, die Bauern⸗
jungen, erscheinen mußten. Der Pastor trug
dem Cantor das Examen auf, und dieser be⸗
fahl einem großen Jungen, eben dem zu
Frankfurt in der Lehre stehenden, den gan⸗
zen Hergang zu erzählen, oder zu gewärti⸗
gen, daß man suchen würde, durch einen auf
die Hintergesäße zu applicirenden Häselstock,
hinter die Wahrheit zu kommen.

Der Junge ließ sich nicht angst ma⸗
chen: denn er wollte nichts verschweigen. Er
fing also an, haarklein alles zu melden, was
sich mit der Katzentaufe, mit dem Nachtmal
und mit dem Leichenbegängniß zugetragen
hatte. Himmel! wie guckten da die Leute
einander an; der Pastor, der Schulz und
die übrigen Richter wußten nicht was sie sa⸗
gen, und noch weniger, was sie für ein

Eulenkapper.　　F　　Straf⸗

Strafurtheil fällen sollten. So eine entsetz=
liche Begebenheit hatte sich in Sauerkrauts=
hausen noch nicht zugetragen – indessen würz=
de es doch unserm Hanhentich und seinen
Complizen unerträglich gegangen seyn, wenn
nicht von ungefähr der Kammerprocurator
Schlosser eingetreten wäre.

Dieser Mann, welcher nun schon lan=
ge in der Erde liegt, war ein großer Jurist,
zugleich aber auch der munterste Gesellschaf=
ter und der lustigste Mann von der Welt.
Der Verfasser dieser Geschichte sprach ihn
noch im Jahr 1774 auf seinem Landgute
unweit Speyer. Schlosser war damals ein
Greis von 79 Jahren, aber noch so munter,
so oll lustiger Einfälle, wie der jovialischte
Jüngling. Mitunter riß er auch Zoten, und
war dabey eben nicht sehr delikat: denn er
fragte wenig danach, ob Frauenzimmer zuge=
gen waren oder nicht. Die Pfaffen gaben
ihm Freygeisterey Schuld, weil er immer ge=
wisse Späße anbrachte, welche sie als unre=
ligiös ansahen, und verschrien ihn: er machte
sich

sich aber nichts draus, und lachte über die Verketzeruug. Die Pfaffen besuchten ihn jedoch immer fleißig: denn er führte einen trefflichen Wein, und war ulcht geizig damit, uud wer so ist, den fehlt es an Pfaffenzuspruch niemals: die Herren lassen sich für einen solcheu Preis schon etwas gefallen; doch das sind hier Allotrien. Nebensachen, mit welchen die wichtige Geschichte meines Helden Eulerkappers uicht darf beschweret werden.

Also Herr Schlosser der Kammerprocurator trat eben ein, als der ernste Proceß getrieben wurde. „Ah bon, rief der Pastor, daß Du kommst, Bruderherz *), Du kannst uns aus der Verlegenheit retten. Du bist ja 'n Jurist, verstehst den Rummel, und wirst uns schon sagen, was wir zu thun haben.“

Hierauf erzählte der Pastor dem Procurator den ganzen Status caussae, und die-

F 2   ser

---

*) Er hatte mit ihm in Gießen studirt, und damals waren alle Gießer Studenten auch Duzbrüder.

ſer mußte mehrmals helle auflachen. Als der Paſtor ausreferirt hatte, ſagte Schloſſer: „Nun, was ſoll aber aus den Poſſen wer= den?"

Schulz. Ih mein Gott, Herr Do= ctor Jura, was ſagen Sie? Poſſen? Das iſt ja eine Gotteslaͤſterung und Entheiligung der allerheiligſten Sachen.

Schloſſer. Warum nicht gar? Got= teslaͤſterung ſoll das ſeyn? Die dummen Jungen wiſſen ſelbſt nicht, was Gott iſt, ſonſt haͤtten ſie ſolch dummes Zeug nicht an= gefangen.

Schulz. Das wiſſen die Jungen nur gar zu gut. Dafuͤr gehen ſie ja in die Schule.

Schloſſer. Es iſt die Frage, ob der Herr Schulz ſelbſt weiß, was der liebe Gott iſt: ich wette einen Thaler, Er weiß es nicht.

Schulz (hitzig). Ich wette auch, Herr Doctor Jura, Sie haben verloren.

Schloſſer (wirft einen Thaler auf den Tiſch, zum Paſtor) Daß Du aber ganz ſtille biſt!

bift! (zum Schulz) Sag' Er mir doch, Herr Schulz, ist Gott eine Mannsperson, oder ein Frauenzimmer?

Schulz. Ih freylich ist er eine Mannsperson.

Schlosser. Er hat doch einen Sohn?

Schulz. Ih freylich; es heißt ja: Gott der Vater und Gott der Sohn.

Schlosser. Also hat er auch eine Frau gehabt?

Schulz. Gehabt mag er wohl sonst eine haben, aber nun hat er schon lang keine mehr.

Schlosser. Sieht Er, Herr Schulz, was Er für 'n Büffel ist — wollt' ich Ihn weiter fragen, ich glaube, Er spräche noch Zeug, womit man die Schweine vergeben könnte. Doch genug davon. Die Jungen kennen die Sachen, von welchen die Rede ist, gerade so viel, wie der Esel den Inhalt des Sacks, den er trägt. Also halte ich dafür, man hunzte die Jungen tüchtig aus, und drohte ihnen, sie tüchtig durchzuhauen.

wenn

wenn fie 's noch einmal thun würden. Das
ift meine Meynung, und ich glaube fo wür
es recht.

Die hochpreislichen Richter guckten fich
einander an., fperrten die Mäuler auf, und
liegen es endlich bey der Decifion des Kam=
merprocurators bewenden. Der Cantor er=
hielt den Auftrag, die Jungen auszubun=
zen, und that dieß auch mit folcher Emphafe,
daß die Jungen zitterten wie Efpenlaub.

Der Kammerprocurator mußte noch
weiter. Als er fchon auf dem Pferde faß,
fagte er zum Paftor: a propos, Herr Bru=
der, was willft Du denn aus Deinem Pflege=
fohn machen.

„Ih, erwiederte diefer; ich denke, er
foll geiftlich ftudieren."

„Meine Seele, fagte der Procurator,
drum hat der Junge auch Katzen getauft und
Hunde begraben und mit Kuchenftückchen
und Bier das Nachtmahl gehalten. Das
fpuckt vor, Herr Bruder Du kannft mir
gar glauben, das fpuckt vor."

Da

Da ritt er hin: aber dem Paſtor war
ren die Worte des Procurators von der Vor=
ſpuckerey nicht entgangen, er dachte drüber
nach, und fand ſelbſt in den Thorheiten der
Straßenjungen den Finger Gottes, welcher
ihn belehrte, den guten, Gott wohlgefälligen
Vorſatz, ſeinen Hanhenrich geiſtlich ſtudieren
zu laſſen, je eher je lieber auszuführen, und
ſchon ſah er in demſelben ein künftiges aus=
erwähltes Rüſtzeug des Herrn.

Neuntes Kapitel.
Der Pädagogiſt.

Paſtor Simon machte Anſtalten, ſei=
nen Sohn oder ſeinen Hanhenrich auf eine
Schule zu ſchicken, und dieſe ſollte das illu=
ſtre Pädagogium ſeyn. Dieſes Pädagogium,
das Gebäude nämlich, iſt ſo wenig illuſter,
daß es vielmehr einer Kohlenniederlage ähn=
licher ſieht, als einem den Muſen geweihten
Gebäude. Die Gießer Philiſter nennen es
nicht Pädagogium, ſondern Pihjoh: die Leh=
rer

ter an demselben heißen alle Magister, ob
sie's gleich selten sind, zum Unterschied der
deutschen Stadtschulmeister, welche von den
Gießern Mingister genannt werden, vielleicht
von mingere: denn diese Herren lieben das
Bier über alles, und können es, ad inſtar
des Kichchens im Stalle hineinziehen. Der
Verfasser kannte im Jahr 1778 einen solchen Mingister, welcher bey Balthasarn, vul-
go der Stangenwirth genannt, alle Abend
achtzehn Stangen (große Paßgläser) hin-
einwarf, und doch immer klagte, daß ihm
der Trunk nicht mehr so gut, als ehedem
schmeckt.

Pastor Simon brachte seinen Hanhenrich selbst nach Gießen, und präsentirte ihn
dem Scholarchen, dem alten Doctor Benner, dessen Zuhörer er ehedem gewesen war.
Benner hatte ein sehr gutes Gedächtniß; er
erkannte also seinen ehemaligen Zuhörer beynahe schon am Gang, und freute sich ihn ge-
sund zu sehen. Kaum hatten sie sich nieder-
gesetzt, so fing Benner ein langes Klagelied
an

an aber die Herrnhuther, und verehrte dem
Pastor ein Buch, Lerna Sectae Herrnhu-
thianae, welches er vor Kurzen geschrieben
hatte. Zwey volle Stunden räsonnirte der
Doctor wider die vertracten Herrnhuther;
endlich fragte er den Pastor, was das für
ein junger Mensch sey, den er da bey sich habe? Der Pastor gab seiner Hochwürden gebührend Red und Antwort, und bat den
Burschen unter die Zahl der Schüler des
Pädagogiums aufzunehmen. Mit Vergnügen, Herr Pastor, erwiederte der Doctor:
aber er soll doch Theologie studieren?

Pastor. Allerdings, Ihr Hochwürden, wenn's sonst Gottes Wille ist.

Doctor. Schön; aber doch in
Gießen?

Pastor. O ja; denn Gießen ist doch
die vortrefflichste Universität in Deutschland.

Doctor. Ganz gewiß, wenigstens
in Rücksicht der Orthodoxie. Nun, der
junge Mensch soll Schulunterricht und der-
einst alle meine Collegien frey haben. Aber
der

der junge Herr muß auch hübsch fromm
sich aufführen, fleißig zur Kirche gehn, besonders wenn ich predige, welches alle
vierzehn Tage geschieht, das heil. Abends-
mal wenigstens sechs Mal im Jahr ge-
brauchen, und sich besonders vor den neuen
Irrthümern und Ketzereyen hüten, welche
wie die Pestilenz sind, die im Finstern
schleichet, und wie die Seuche, die im
Mittag verderbt.

Der Pastor versicherte dem Doctor,
daß in dieser Hinsicht kein Unglück zu be-
fürchten sey, und der Doctor verehrte dem
Pastor sein neuestes Buch wider den berüch-
tigten Johann Christian Edelmann, welcher
damals die ganze theologische Welt aufrührisch gemacht hatte. Der Pastor stellte
hernach das Buch in seiner Bibliothek neben
des Doctors Notitia salutis, und schrieb
hinten darauf: D. Benners Werke, drit-
ter Band.

Vergnügt ging der Pastor weg, und
gerade zum Magister Aestas, mit welchem
er

er wegen eines guten Quartiers für seinen Hanhenrich sprechen wollte. Magister Aestas war ehedem ein Universitätskamerad des Pastors gewesen, und freute sich gar mächtig, seinen alten Duzbruder wieder zu sehen. Nach eingenommenem Schnapps, wozu die Frau Magistern einige Tatschee *) anftrug, sprach der Pastor von der Hauptsache, und der Magister erbot sich, den jungen Menschen in sein Haus, und sogar, gegen ein Billiges, an seinen Tisch zu nehmen, und ihn zu behandeln, als wäre er sein eigenes Kind. Daß der Pastor diese Vorschläge annahm, versteht sich von selbst.

Nun war also Hanhenrich Schüler auf dem Gießer Pädagogium, oder er war, wie die Gießer zu sagen pflegen: Pijohist So sehr unwissend er auch war, setzte ihn doch sein Hauswirth in die dritte Klasse, theils weil er bey ihm wohnte, theils aber auch deßwegen, weil er schon ein Bengel von sechszehn Jahren war.

In

*) Besondere Art Wecke, zu Gießen.

In der Schule war unser Held der
Schlechteste unter den Schlechten, woraus
damals die Schulschaft zu Gießen componirt war. Ueberhaupt taugen die Schulen
in solchen Städten, wo Universitäten sind,
selten viel. Die Lehrer äffen ten Professoren, und die Schüler den Studenten zu
viel nach, und daher wird der Unterricht
versäumt oder verhunzt, und der Herr Gym-
nasiast lernt am Ende gar nichts.

Die fürchterliche Unwissenheit unsers
Helden fiel sogar seinen Kameraden auf,
und diese hatten ihn mit den Böcken, welche
er in den Lehrstunden machte, immer zum
Besten. Er bekam allerley Ekelnamen; so
hieß er zum Exempel eine Zeitlang Bruder
Mordio, weil er eine Stelle des Nepos:
Alexandro Babylone mortuo, übersetzt
hatte: Alexander schrie zu Babylon Mordio! — Dann hieß er, Ritter Hering,
weil er den Vers des Virgils: Formo-
sum pastor Corydon ardebat Alexin, auf
Deutsch so gegeben hatte: der Hirte Cory-

don

von fochte sich einen hübschen Hering. Hanhenrich ließ die Gymnasiasten spotten, wie sie wollten, und tröstete sich mit dem Gedanken: daß er bald Pastor seyn, und ein ruhiges Leben führen würde.

Zehntes Kapitel.
Der Günstling.

Magister Aeslas, bey welchem Hanhenrich wohnte, hatte eine sehr hübsche junge Frau; aber wie es in der Welt zu gehen pflegt, er war mit seiner Gattin nicht allein zufrieden, und suchte sich anderwärtigen Zeitvertreib. Damals lebte zu Gießen eine gewisse Person, welche unter dem Namen Fräulein Rapp, bekannt war, die sich aber selbst Jungfer Schusterin nannte. Man hatte ausgesprengt, und in Gießen allgemein geglaubt, daß Jungfer Schusterin nicht ihrem Vater, dem Herrn Organist Schuster, sondern einen gewissen Herrn von Rapp ihren Ursprung verdanke, da ein

be⸗

berühmter Gießer Arzt seinem Freunde im
Vertrauen erklärt hatte, daß der Herr Organist keinem lebendigen Wesen das Dasenn
/geben könne; diese Freunde hatten es nachher wieder ihren Freunden erklärt, und so
war die Mähre ganz natürlich in der ganzen Stadt herumgekommen.

Jungfer Schusterin war ein ramassir-
tes, hochbußiges Mädchen, welches von
lustigen jungen Leuten bald bemerkt werden
mußte. Es fehlte ihr daher nicht an Lieb-
habern unter Studenten und Officieren, und
sie befand sich in dieser Lage ganz gut;
denn durch Geschenke, welche sie von diesen
Herren erhielt, war sie im Stande, sich
Putz zu verschaffen, und ihre Naschhaftigkeit
zu vergnügen; und wenn ein Frauenzimmer
dies kann, was will sie mehr?

Herr Aesias sahe die Mamsell zu Wieseck, beym Bauerntanz; sie gefiel ihm, er
suchte Gelegenheit mit ihr zu sprechen, und
erklärte ihr einen Theil von dem, was er
für sie empfand, und was er von ihr zu
erhal-

erhalten wünschte. Mamſell wußte daß es
nicht gut ſey, die Spröde zur Unzeit zu
machen, und gab dem Antrag des Má-
giſters ein geneigtes Gehör. Dieſer, vor
Freuden außer ſich, beſtellte ſeine Schöne
noch denſelben Abend zu einer gewiſſen Madam Lenz, wo luſtige Perſonen/ beyderley
Geſchlechts zuſammen kamen, und ſich nach
Herzensluſt vergnügen konnten. Das Quartier bey Madam Lenz war zwar ſehr theuer,
aber die Sicherheit nicht verrathen folglich nicht blamirt zu werden, machte, daß
es von allen denen beſucht wurde welche
den Schein vermeiden wollten. Studenten
gingen nur ſelten dahin; denn dieſe Herren
waren in Rückſicht des Scheins eben nicht
ſehr delikat; deſto mehr aber hatte Madam
Lenz von Geiſtlichen, Profeſſoren und an-
geſehenen Bürgern Zuſpruch.

Jungfer Schuſterln erſchien zur be-
ſtimmten Stunde bey Madam Lenz, wo der
Magiſter ſie ſchon erwartete. Er blieb die
Nacht über da, und beredete früh ſeine
Frau.

Frau, er ſey bey einem guten Freunde auf dem Dorfe geblieben. Mehrmals wurden die Zuſammenkünfte der beyden Liebesleute bey Madam Lenz wiederholt, aber der Beutel des Magiſters beſtimmte bald ſeinen Beſitzer, andere Maßregeln zu ergreifen, denn Madam Lenz ſchlug ihre Gefälligkeiten etwas gar zu hoch an.

Der Magiſter ſann hin und her, wo er mit ſeiner Schönen in voller Sicherheit, und ohne große Unkoſten zuſammenkommen könnte; in ihrem eigenen Hauſe ging das nicht an, dies würde Aufſehen gemacht haben, und dem alten Benner gewiß zu Ohren gekommen ſeyn, und dann war Herr Aeſtas verloren: denn Benner verſtand in ſolchen Schoſen ganz und gar keinen Spaß, und war höchſt intolerant gegen allen verbotenen Umgang mit Frauenzimmern, und gegen alle Spielkarten, ob er gleich gerne zugab, daß ſeine Geiſtlichen und ſeine Magiſter ſich öfters, auch wohl täglich, einen chriſtlichen Haarbeutel anſoffen.

Zu

In dieser Verlegenheit fiel dem Magi=
ster ein Expediens ein, welches er zu gebrau=
chen beschloß. Euler oder Hanhenrich, lo=
girte bey ihm parterre, und hatte den gan=
zen Winter über von sechs bis acht Uhr Pri=
vatstunden bey einem verlaufenen Mönch, wel=
cher sein Mönchslatein den Gießer Studen=
ten beyzubringen suchte, für Geld und gute
Worte nämlich, wie es sich von selbst ver=
steht. Der Magister ließ einen Schlüssel zu
Eulers Stube machen, und händigte ihn der
Mamsell quaestionis ein: sie sollte sich Punkt
sechs Uhr in Eulers Stube einstuben, und
ihn, den Herrn Magister, daselbst erwarten.
Sie kam, und die erste Entrevue kam bey=
den so behaglich vor, daß sie beschlossen,
mehrmals, nämlich drey Mal die Woche, in
Eulers Museum zusammen zu kommen.

Das Ding ging eine lange Zeit recht
gut: die Mamsell hatte in dem Hause des
Magisters eine Freundin wohnen, und wer
sie eingehen sah, dachte weiter nichts, als
daß sie diese Freundin besuchte. Aber wie's

im Sprichwort heißt: Das Krüglein geht
so lang zum Brunnen, bis es zerbricht; so
gings auch mit der verliebten Intrigue des
Magisters und der Mamsell Schustern. Euler empfand eines Nachmittags heftige Kopf-
schmerzen, und legte sich zu Bette, nachdem
er seine Stube verschloßen hatte. Der Magister und Mamsell glaubten, er sey in der
Privatstunde bey dem entlaufenen Mönch,
und überließen sich, wie gewöhnlich, ihren
Entzückungen, und zwar bießmal nicht auf
dem Bette, sondern auf dem Sofa: denn
das Symbolum des Magisters war: varie-
tas delectat.

Euler, welcher durch das Geräusch auf-
geweckt wurde, sprang aus dem Bette, und
wollte Lärmen machen, weil er glaubte, es
wären Diebe da; der Magister und die
Mamsell fuhren auseinander, ersterer aber
hatte doch noch so viel Besinnung, daß er
Eulern, welcher eben das Fenster aufreißen,
und hinausschreyen wollte, zurück hielt, und
ihm kürzlich erklärte, daß er sich nicht zu
fürchten habe.   Euler

Euler beruhigte sich, und versprach von dem Vorfall zu schweigen: gewiß würde er auch nicht entdeckt haben, wer bey dem Magister war; denn es war finster in dem Zimmer. Aber Mamsell Schustern fing an zu reden, und Mosjeh Euler erkannte die ihm längst bekannte Person an der Stimme.

„Ey sieh da, Jungfer Schustern, sagte er: Wie kommen Sie denn hieher?"

„Ih, erwiederte Jungfer Schustern, ich wollte dem Herrn Magister ein Stück feine Arbeit zeigen für die Frau Magistern, und da sind wir hier herein gegangen.

Euler lachte laut über diese Ausrede, in einer finstern Stube ein Stück feine Arbeit zu zeigen, und gab seine Verwunderung durch Ausdrücke zu erkennen, woraus der Magister wohl schließen konnte, daß sein Eleve von dem wahren Vorgang hinlänglich unterrichtet seyn müsse. Er entschloß sich kurz, befahl der Jungfer nur nach Haus zu gehen, und nahm unsern Euler mit auf seine Stube. „Hör Er, Euler, redete er ihn an,

ich

Ich halt Ihn für einen braven Menschen, der auch dabey klug ist. "

Euler. O ja, Herr Magister, ich erzürne kein Kind, und den will ich auch sehen, der mich ins Bockshorn treiben soll. Neulich warfen mir die Primaner Kletten in die Haare, und dachten, ich sähe es nicht: habs aber wohl gesehen.

Magister. Laß Er jtzt das, lieber Euler. Wir wollen von etwas Wichtigerem reden: was glaubt Er wohl, was die Jungfer Schustern in Seiner Stube gemacht hat?

Euler. Das weiß ich nicht.

Magister. Denkt Er denn, daß ich mit dieser Person etwas Böses vorgenommen habe, oder vornehmen wolle?

Euler. Bewahre Gott! Wie soll ich das von Ihnen denken, lieber Herr Magister?

Magister. Recht so, mein lieber Freund! Man muß nichts Böses von seinem Nächsten denken; das ist gegen das achte Gebot,

bot, versteht Er mich. Aber wird Er auch
davon plaudern?

Euler. Behüte Gott, Herr Magister.
Sie müßten es denn selbst befehlen.

Magister. Das werde ich gewiß nicht.
Also Er schweigt von dieser Sache?

Euler. Wie eine stumme Wand.

Magister. Hier mein Lieber ist etwas
(giebt ihm Geld). Geh' Er zu Eberhard
Busch, oder in die Kraußkopferey, oder in
die Räuberey, oder sonst wohin, und trink
Er eine Stange Bier, oder einen Schnapps.
Ich werde sonst noch für Ihn sorgen, und
Sein Freund immer seyn. — Aber höre
Er, spricht Er ein Wort von der Sache,
bey meiner Seele, ich jage Ihn aus
dem Hause, und mache, daß Er von der
Schule muß.

Euler war klug genug, um anzusehen,
daß er zu seinem großen Nutzen schweigen,
und zu seinem größten Schaden reden würde.
Unter solchen Umständen kommen uns aber
unsre

unfre Pflichten und die Haltung unfrer Ver=
fprechungen nicht fauer an: Euler fchwieg
alfo, und fuhr fehr gut dabey. Von diefer
Zeit an war er des Magifters erklärter Günft=
ling, und was er that, war recht gethan,
follte es auch ein dummer Streich gewefen
feyn. Der Magifter förderte ihn alle halbe
Jahre weiter, und fo rutfchte er durch alle
Claffen: er lernte zwar blutwenig, aber er
beftand doch immer im Examen, weil der
Magifter bloß folche Fragen an ihn that, de=
ren Beantwortung er auswendig gelernt hat=
te. Der Paftor Simon gaudirte fich höch=
lichft über die gewaltigen Progreffe feines
lieben Hanhenrichs, und befchloß, alles an=
zuwenden, um ihn einft zu einem großen
Mann zu machen. So gingen die Schul=
jahre hin, und Euler ward endlich Student,
oder Burfch, wie man zu Gießen und Jena,
auch noch auf andern deutfchen Univerfitäten
die jungen Herren nennt, welche die Matri=
kel haben, und auf einer Univerfität exiftiren.

Eilf=

Eilftes Kapitel.

Der Bursch.

Kaum hatte Euler von dem gestren=
gen Herrn Notarius Möser, dem Oberpedel=
len der Universität, die Fuchsscheine, und von
Seiner Magnificenz dem Herrn Rector die
Matrikel erhalten, und seine zwey Conventions=
thaler dafür bezahlt, auch zwölf Batzen in
die Armenbüchse geworfen, als ein ganz
neuer Geist ihn zu beseelen schien.

Damals war die Renommisterey, so
wie auf vielen deutschen Universitäten, auch
in Gießen sehr im Schwange, und wer nicht
renommirte, das heißt sich durch Lappalien
und Fratzen aller Art auszeichnete, wurde für
ein Drasticum, oder nach einem andern
Dialekt, für einen Theekessel, und schlefen
Kerl gehalten. Euler beschloß, ja keine
Schiefität zu werden, und wollte durchaus
unter der auserwählten Schaar der honori=
gen Burschen glänzen.

Diesen

Diesen nobeln Vorsatz communicirte er schon am Tage seiner Immatriculation dem honorigen Herrn Martial Schluck von Rauffenfels, welcher damals das höchst wichtige Amt eines Seniors seiner Landsmannschaft und des hochpreißlichen Ordens der Kakodämonisten summa cum laude ac meritorum fama verwaltete, und fragte diesen erfahrnen Burschen, wie er die Sache am rechten Stiele fassen sollte.

„Mußt Dir gute Freunde machen, Bruder, sagte Herr Martial: ohne Freunde ist auch der bravste Bursche auf dem Hund *).“

Euler. Aber, Herr Bruder.

Martial (einfallend). Was, Herr Bruder! Herr Bruder! Dumme Rede. Bruder, schlechtweg — der Herr ist in die Fichten **).

Euler. Aber wie macht man sich Freunde?

Mar

*) Muß zu Grunde gehen, ist verloren.
**) Gilt nichts mehr.

Martial. Mußt aufwachsen, Bru=
der; das ist die erste Regel für einen
Fuchs. — Ein Fuchs muß die alten hono=
rigen Bursche beconditioniren *).

Euler. Herzlich gern will ich Dei=
nem guten Rath folgen.

Martial. Bon, Bruder. Aber hast
Du Spieße **).

Euler. O ja, ich bin noch reich,
hab noch über vierzig Gulden.

Martial. Bon, Bruder! so viel
reicht gerade hin, eine honorige Condition
zu geben.

Euler. Aber ich wollte doch noch
zwey oder drey Collegia pränumeriren.

Martial. Pränumeriren? Kerl, bist
Du mit der Pelzmütze geschossen, oder bist
Du gar toll? Wer Teufel wird pränume=
riren, und dazu noch gar Collegia? Die
postnumerirt ein honoriger Bursche nicht
eher,

*) Tractiren mit Essen, Trinken u. s. w.
**) Geld.

eher, als bis der Pedell kommt, und ihn
mit Gewalt dazu zwingt. Pfuy, pränumeriren! Hat man sein Lebetag so eine
Dummheit gesehen! Pränumeriren, und
dazu noch Collegia! Ja, sieh Bruder, ich
will ewig des Teufels seyn, ja was noch
mehr ist, ich will ein blamirter Junge seyn,
wenn ich mein Tage auch nur einen Scandal *) für Collegia ausgegeben habe.

Euler. Aber Bruder, wie hast Du
denn das gemacht? Ich weiß doch, daß
die Professoren nicht umsonst lesen, und daß
                                        sie

*) So hieß man damals in Gießen die
   Pfennige. Die Thorheit mit diesem
   Worte ging weit, fragte einer, was
   kosten deine hirschledernen Hosen, so
   antwortete der andere nicht etwa: neun
   Gulden, sondern er rechnete erst im
   Sinne, und sagte dann: 2160 Scandal. Wer jährlich 300 Gulden zu ver-
   zehren hatte, sagte: er habe 72000
   Scandal Wechsel. Vermittelst dieser
   Lapperey lernten die Gießer Studenten
   damals fertig im Sinne rechnen; also
   war die Thorheit doch zu etwas gut.

fie mitunter, troß einem Höferweib, mant=
schaern können.

Martial. Haft Du denn jemals
schon Bier oder Schnappt bezahlt, wo Du
nichts getrunken hatteft? Oder bezahlft Du
der Life auf dem Selzer Weg ihre Nacht,
ohne bey ihr geschlafen zu haben?

Euler. Da müßt' ich mich zwingen.

Martial. Siehft Du, ich habe keine
Collegia gehört, und durfte also auch keine
bezahlen.

Euler. Du meinft doch nicht, daß
ich es auch so machen soll?

Martial. Nach Belieben; aber wenn
Du Collegia hörft, so prünnmerire wenigs
ftens nicht, das ift draftisch und läßt nicht
für einen honorigen Burschen. Behalte
Dein Geld und gieb Conditionen; ich werde
morgen Gesellschaft mitbringen.

Daß Martial Wort gehalten haben
werde, bezweifelt wohl schwerlich einer von
meinen Lesern, der die Studenterey kennt.

Gleich

Gleich um ein Uhr den folgenden Tag Nache
mittags war Eulers Stube voll Kalodäe
monisten, welche alle sich's auf des neuen
honorigen Fuchses Unkosten wohl schmecken
ließen. Sie machten alle mit dem Fuchs
Brüderschaft, und nun ließ sich Mosjeh
Fuchs auch kein Geld dauern, um seine
Herren Brüder nach den Regeln des echten
Fuchscomments zu regaliren. Gegen zehn
Uhr waren die Köpfe der ganzen Gesellschaft
äußerst heroisch, und Senior Martial schlug
vor, ob man nicht beliebte, noch einen
Jux für den Abend auszuführen? Die
Herren waren gleich dabey, und verspra=
chen, den Jux nach ihren Kräften zu se=
cundiren.

„Eh bien, sagte Senior Martial,
laßt uns dem Schuster Wannig die Fenster
einschlagen; der Kerl schimpft hernach wie
ein Rohrsperling, und das macht vielen
Spaß."

Unter Herrn Martials Anführung be=
gab sich die noble Gesellschaft vor das Haus
des

des Schuster Wannigs, welcher in Gießen
eben die Rolle spielte, die ein gewisser
Schuster Sauer vor einiger Zeit auf der
Universität zu Schilda gespielt hat. Die
Fenster wurden dem Freund Wannig alle
eingeworfen; er schimpfte mortalisch, und
gab den Pereirenden und Fenstercanonade
machenden Musensöhnen die rühmlichsten
Titel; aber Titel dieser Art, von welchen
Schurke, Esel, dummer Junge u. d. gl.
noch die leidlichsten sind, beleidigen keinen
Studenten, wenn sie ein von ihnen erst be=
leidigter Philister austheilt, wenigstens
machten sie den damaligen Gießer Herren
viel Freude, und wahren Spaß. Der
Student kann von seines Gleichen, wenn
er ihn auch noch so arg selbst beleidigt hat,
kein schnödes Wörtchen vertragen; aber
von einem Nichtstudenten nimmt er alles an,
nur muß der Herr Studiosus der erste
Beleidiger gewesen seyn; denn war dies
der Philister, dann mag ihm Gott gnä=
dig seyn!

Der

Der Schuster Wannig blieb beym bloßen Schimpfen, aber ein Offizier, der neben Wannig wohnte, ärgerte sich über den pferdemäßigen Lärmen auf der Straße, und schrie zum Fenster hinaus: machen Sie doch nicht solchen Scandal, meine Herren, das ziemt ja keinen besoffenen Gnoten!

„Was will der Kerl da oben! schrie Martial; allons, pereat lief! Fenster ein!“ Im Augenblick flogen Steine in die Fenster des Offiziers, welcher selbst einen Wurf ins Gesicht bekam, daß er wegen der fürchterlichen Gestalt seiner Nase in vierzehn Tagen nicht auf die Parade kommen konnte.

Indessen schickte der Offizier seinen Bedienten nach der Hauptwache; der wachthabende Capitain ließ eine Patrouille geben, und diese griff unsern Euler, denn die Andern hatten alle die Flucht ergriffen. Euler wurde auf die Hauptwache geführt, und mußte den folgenden Tag zu Seiner Magnificenz. Unterwegs erhielt er folgendes Billet: Lieber

Lieber Bruder!

Du bist geschleppt worden wegen
des Juxes von gestern; der Rector
wird wohl wissen wollen, wer die An=
dern waren; aber Du bist, wie man
hofft, ein honoriger Kerl, und wirst
schweigen. Denn sagst Du ein Wort,
so wirst Du für einen krassen Fuchs,
für einen Erzschlisser und Drasicum
erklärt, und kriegst Ohrfeigen pro patria. Schmeiß dies Billet gleich zum
Teufel, daß es niemand sieht, der
vielleicht die Hand kennt. Mache
Deine Sachen gut, so sind wir
Freunde.

Euler hatte schon längst einen Abscheu
gegen Denunciationen und Angabereyen un=
ter Studenten, welche man in der Studen=
tensprache Petzereyen nennt, und deren Ur=
heber mit Recht verhaßt und unter dem
Namen der Killansbrustflecke und der Blau=
strümpfe bekannt sind; aber die kräftigen
Motive des Billets machten ihn stumm
gegen

gegen alle Vorstellungen des Rectors.
Er erklärte geradehin: daß er nichts sagen
werde, daß er ein honoriger Bursche sey,
und folglich nichts sagen dürfe. Der Rector, welcher einst auch ein honoriger Jenenser gewesen war, fand die Stimmung
unsers Eulers eines braven Burschen würdig,
und steckte ihn bloß für seine eigene Ver-
brechen vier Tage ins Carcer, welches zu
Gießen den Namen Cardanopolis führte.

Zwölftes Kapitel.
Euler der Reformator des Comments.

Carcerstrafe, Consilium abeundi,
selbst die Relegationen sind zu allen Zeiten
unter Studenten als gar nicht schimpflich
angesehen worden: in der renommistischen
Periode der Universitäten waren sie vielmehr
ehrenvoll und ruhmbringend, und wer oft im
Carcer saß, galt für einen rechten Burschen.
Ich erinnere mich noch eines Gedichts, wel-

ches

ches ein gewisser Herr Hild im Jahr 1776 zu Gießen verfertigte, und welches lehren kann, was man damals noch für anständig und empfehlend unter den Studenten gehalten hat. Ich will es hersetzen, es lautet also:

Wer ist ein rechter Bursch? Der, so
am Tage schmauset,
Des Nachts herumschwärmt, wetzt, und
alle — — — —
Der die Philister schwänzt, die Pro-
fessores prellt*),
Und nur zu Burschen sich von seinem
Schlag gesellt.
Der stets im Carcer sitzt, einhertritt
wie ein Schwein,
Der überall besaut, nur von Blama-
gen rein,
Und den man mit der Zeit, wenn er gnug
renommiret,
Zu seiner höchsten Ehr' zum Teufel rele-
giret:
Das ist ein rechter Bursch; und wers nicht
also macht,

Nicht

*) Nicht bezahlt. Doch ist noch eine feine
Nüance zwischen prellen und schwänzen.

Kukerkapper.   H

Nicht in den Tag hin lebt, nur seinen
Zweck betracht't,
Ins Saufhaus niemals kommt, nur ins
Collegium,
Was ist das für ein Kerl? Das ist ein
Drasticum.

Diese un sich elenden Verse, standen
damals in allen Stammbüchern, und zeugen
hinlänglich von dem Geschmack der damaligen Studenten, und von ihren Grundsätzen:
denn Herr Hild sprach gleichsam im Namen
der ganzen Burschenschaft.

Unser Euler verließ das Carcer viel stol-
zer und aufgeblasener, als er vorher war:
nun ging er auf allen Kneipen herum, und
erzählte sein Abentheuer und sein Carcersitzen.
Seine Cameraden applaudirten ihm, und er
fing an in vollem Ernste zu glauben, er sey
ein rechter Bursch. Kein Kommersch wurde
gehalten, bey welchem er nicht gewesen wäre, und bald hatte er eine solche Fertigkeit
im Singen der Kommerschlieder, daß er stets
Bräses würde gewesen seyn, wenn dieß nicht
sein Fuchsstand verhindert hätte.

Ins

Indeffen ward Euler Mitglied eines
Ordens und eines Kränzchens zugleich; in
beyden war Bruder Martial Senior, und da
dieser Eulern allerley zu verdanken hatte, so
zeichnete er ihn auch bey jeder Gelegenheit
aus. Martial wurde bald inne, daß Freund
Euler das Herz nicht so recht da sitzen hatte,
wo es nach dem Begriff eines honorigen Bur=
schen seinen Sitz haben muß; aber daran
war auch wenig gelegen; Euler hatte Geld,
und mit Geld ist man einem Orden immer
angenehmer, als mit Courage, welche so
leicht durch andre Mittel und Wege ersetzt
werden kann.

Als Euler etwan ein Jahr Mitglied des
Ordens gewesen war, entstand eine große
Revolution auf der Universität, worüber Se=
nior Martial cum infamia, wie man im
akademischen Latein zu sagen pflegt, der Sub=
senior aber bloß in perpetuum, das heißt,
bis er die Relegation mit Geld abzukaufen
die Kräfte und den Willen hat, relegirt wur=
den. Der Secretär Durstig ward nun Se=

H 2   nior,

nior, ein andres Mitglied, Namens Wurst, erhielt die Stelle des Subseniors, und Freund Euler wurde zum Secretär erwählt, und erhielt zugleich den Auftrag, das Gesetzbuch zu redigiren, welches in der fürchterlichsten Unordnung war.

Ein angenehmers Geschäft hätte unser Mann gar nicht erhalten können: er bildete sich dabey schon ein, der Legislator in der erhabenen Gesellschaft zu seyn, und redigirte einen Gesetzcodex von 54 Titeln, welche in allem 688 Gesetze enthielten. Schade, daß dieses herrliche Machwerk nicht gedruckt worden ist! Es war des öffentlichen Beyfalls so sehr würdig! Euler las die Gesetze vor, die Mitglieder des Ordens tranken indessen Bier, und rauchten Tabak, und als der vierte Titel, welcher vom Verschiß handelt, verlesen war, schrien alle einmüthig, sie hätten genug gehört, es sey alles ganz vortrefflich, und die Folge des noch zu Lesenden würde gewiß dem Anfang entsprechen, er möge daher nur aufhören. Hierauf unterschrieben alle ihre Namen, und so war die Constitution sanctionirt.

Seit jener Revolution auf der Univer=
fität, bey deren Explofionen der Senior und
der Subsenior des Ordens geschaßt wurden,
hatte das ganze Burschenwesen eine andre
Wendung erhalten, und es schien, als wenn
ein gefitteterer und befferer Burschenton in Gie=
ffen an die Tagsordnung kommen sollte. Die
Ordensbrüder erschraken bey der Vorstel=
lung, daß der Ton sich beffern sollte, und
geberdeten sich wie unfinnig darüber, daß
die Kommersche weniger besucht, die Dorf=
kneipen weniger frequentirt wurden, und der
Schlägereyen weniger häufig vorfielen.

Besonders ging diese Noth unserm Eu=
ler zu Herzen, welcher beschloß, den alten
Comment wieder herzuftellen, und den jetzi=
gen zu reformiren, es möge auch koften, was
es wolle. Zu dem Ende miethete er sich in
eine Kneipe oder Bierschenke ein, welche we=
gen des ziemlich guten Biers mehr als andre
Kneipen der Art besucht wurden. Hierher
bestellte er täglich einige fidele Brüder, wel=
che andre Bekannte an sich zogen, und ein
honet=

honettes Kommerschchen aufführten, wobey
Freund Euler stets den Vorsitz hatte.

Das Bier ist in Gießen sehr wohlfeil,
wenigstens kostete damals das rheinische Maß
zwey Kreuzer oder sechs sächsische Pfennige,
dennoch wurde bey den Gelagen so scharf ge-
soffen, besonders wenn ein Kommersch ihm
mit unterllef, daß einer sechs bis acht Gro-
schen bezahlen mußte — und die Herren
hatten nicht immer Geld. Euler, welcher
Credit im Hause hatte, verschaffte seinen
Freunden auch Credit, und machte sich dadurch nicht nur äußerst beliebt, sondern brachte auch zu wege, daß die Kneipe, worin er
wohnte, täglich besetzt war, und daß der alte ächte Jenaische Sauf- und Lärmcomment
wieder in völligem Flor, wenigstens unter seinen Freunden stand.

Jetzt schrieb Euler eine Abhandlung
über den ächten Burschencomment in deutscher Sprache, woraus nachher Freund Mar-
tialis Schulk seine lateinische Dissertation
zusammen kompilirt hat, ohne seine Quelle zu
nennen. Der Verfasser dieser Geschichte hat
die

die Ehre gehabt, den Herrn Schulz zu kennen, und muß gestehen, daß derselbe mit
dem Comment, den er beschreibt, bekannt
war: daß er aber deu Freund Euler gar nicht
einmal nennt, dem er doch den wichtigen,
schweren Beweis, daß Bursche unter keinen
Gesetzen stehen, verdankt, das sage ich, ist doch
nicht schön. Es steht ja frey, abzuschreiben, aber man muß auch die Quellen nennen, aus welchen man schöpft, sonst fällt
man in den häßlichen Fehler so manches gelehrten Herrn, welcher seine Bücher und seine den hochgeehrtesten Herren Zuhörern vor-
zulesenden und vorzukauenden Hefte wörtlich
abschreibt, mitunter aber auf seine Autoren
brav loszieht, damit Leser und Zuhörer die
Bächlein nicht kennen sollen, welche ihm die
Weisheit zutragen.

Verschlungen wurde Eulers Schrift; in
Jena und in Gleßen, und auf andern deutschen
Universitäten war sie das Repertorium aller
commentartigen Wahrheiten, und wie die
Bibel bey den protestantischen, die päbstli-
chen

chen Bullen aber bey den katholischen Theolo=
gen, der einzige Richter bey Streitigkeiten.

Jetzt genoß unser Euler des höchsten
Ansehens unter den Studenten zu Gießen,
und selbst Jenenser schrieben Adressen an ihn,
wie weyland die vom Jacobinism angesteck=
ten Departementer und Districte in Frank=
reich an den Nationalconvent. Aber alles
Ding währt nur eine kurze Zeit, und so gings
auch mit unsers Helden glücklicher Existenz
in Gießen. Doch ich muß hier ein neues
Kapitel anfangen.

Dreyzehntes Kapitel.

Armer Euler, dauerst mich!
Der Comment selbst weint um dich,
Daß du aus dem lieben Gießen,
Dich so schnell hast drücken müssen;
    Aber was ist's denn nun mehr?
Solches Pech *) bringt dir ja Ehr'!

Euler war damals, als er an seinem
Werk über den Burschencomment arbeitete,
nach

*) Unglück. Großes Unglück, heißt: Sau=
pech, Luderpech.

nach Frankfurt gereist, und hatte da in einem Gasthofe, wo er selbst logirte, einen deutschen Fürsten angetroffen, den er gerade zu, wie es einem wahren Burschen zusteht, auf seinem Zimmer besuchte, und ihm die Würde eines honorigen Burschen erklärte. Der Fürst war ein sehr humaner Mann, und liebte die Jovialitäten, also konnte er wohl einige Stunden in Eulers Gesellschaft zubringen, zumal da ihn das Podagra hinderte, auszugehen. Euler sagte ihm, daß er ein Buch schriebe, daß dieses Buch eins der trefflichsten Producte seyn würde, welche Europa seit Olims Zeiten gesehen habe, und daß er es Seiner Durchlaucht dediciren wolle, wenn Dieselben es genehmigten.

„Ja, ja, sagte der Fürst, ich nehme diese Ehre an; aber wovon handelt denn dies Buch?“

Euler. Von den ersten Angelegenheiten der Menschheit, und von den besten Mitteln, die Menschen glücklich zu machen. Mehr sage ich jetzt von dem Inhalt meines Wer

Werkes nicht, und hoffe, es soll Sie auf's
Angenehmste überraschen.

Der Fürst lächelte, und ließ den
Großsprecher reden; denn er hatte schon
mehrmals durch Büchertitel und Vorreden
den Ausspruch des Horatius bestätigt ge=
funden:

Parturiunt montes, nascetur ridi-
culus mus.

Einige Zeit nachher schickte Euler ein
schön gebundenes Exemplar seines Buchs an
den Fürsten, dieser schaute auf den Titel,
und fand es keiner weitern Aufmerksamkeit
würdig; denn er war kein Freund vom
Burschencomment. Er legte daher das
Buch auf die Seite, um aber doch an Eu=
lern ein Werk der Barmherzigkeit zu thun,
ließ er ihm danken, und das Danksagungs=
schreiben mit zehn Ducaten begleiten. Euler
zeigte das Schreiben in allen Studenten=
und Philistergesellschaften, das Geld aber
gab er zum Besten, zur thätigen Unterstützung
des Comments.

Etwa

Etwa sechs Wochen hernach wollte der Fürst einst zu Stuhle gehen, und suchte ein Stück zartes Papier. Er traf auf Eulers Buch, machte es auf, und fand, daß es auf sehr feines holländisches Papier gedruckt war. Ach, dachte er, das giebt excellente Schnupftücher, das will ich auf's heimliche Gemach legen. Im Vorbeygehn bemerkt der Verfasser, daß viele dedicirte Bücher das Schicksal haben, von den durch die Dedication honorirten Herren aufs heimliche Gemach getragen zu werden; indessen macht dies nichts aus, wenn nur der Verfasser das erhält, was er durch sein dedicirtes Buch hat erhalten wollen, so ist's sehr gleichgültig, ob das Buch selbst dem Herrn, dem es dedicirt wurde, fürs obere oder fürs untere Gesicht dient.

Der Fürst riß ein Blatt mitten aus dem Buche, und setzte sich; er war eben hartleibig, und sonst gewohnt, die Zeitungen an diesem Orte zu lesen, wie der Doctor Semler die Bücher der Alchymisten, Gold-

Goldmacher, Enthusiasten und Fanatiker*).
Er suchte daher in seinen Taschen nach den
Zeitungen, hatte sie aber unglücklicher Weise
vergessen; da es ihm aber längst zum Be-
dürfniß geworden war, auf dem Abtritte
zu lesen, so nahm er Eulers Buch, und
las darin. Daß er die Dedication zuerst
vornahm, versteht sich von selbst; denn wer
ließ nicht gern sein eigenes Lob? Aber
wie häßlich wurde der gute Fürst angeführt,
als er nichts zu seinem Lobe fand, wohl
aber gute Lehren, welche ihm der honorige
Bursche gab. Einige Kernstellen muß ich
herschreiben, um meine Leser in den Stand
zu setzen, über Eulers Manier, mit Fürsten
zu sprechen, urtheilen zu können.

„Die Studenten, hieß es darin,
welche aus dem Lande Ihrer Durchlaucht
kommen, und bey uns studieren, sind lauter nasse Prinzen, und verstehen nichts vom
wahren Comment, daher immer einige von
ihnen

*) S. Semlers Leben B. 1., ich weiß
nicht auf welcher Seite.

ihnen im Verschiß sind. Woher mag wohl
das Uebel kommen? Daher, daß Sie,
gnädigster Herr, nicht auf den Comment
halten, weil Sie denselben vielleicht selbst
nicht verstehen. — Sie haben Ihren Offi-
zieren, Soldaten und Edelleuten das Duel-
liren verboten. Was kann daraus kommen? Draßicität und Pinseley; denn Courage und mitunter Händel ordentlich ausgemacht, sind die Seele des Comments. —
Ich rathe Ihnen daher, gnädigster Herr,
jenes qualsche Edict wegen der Duelle wieder aufzuheben, und sie so frey zu machen,
als sie unter den großen Königen in Frank-
reich, Heinrich II. Franz II., Carl IX.
und Heinrich III., seligen Andenkens, gewesen sind. Das waren doch noch Fürsten,
pardiöh, die sich gewaschen hatten. Heinrich IV. hat sie hernach verboten, aber der
schiefe Comment machte auch, daß er so
hundsfottischer Weise sterben mußte. — Die
Geistlichen dürfen sich zwar nicht schlagen,
aber es wäre doch gut, wenn sie sich des

Jahres

Jahres ein Mal versammeln müßten, um
einige Tage nach einander zu kommerschi=
ren. — Die fürstlichen Räthe und andere
Offizianten müßten dies auch thun. — An
Hofe müßte jeden Gallatag ein honettes
Hospiz gegeben werden, wobey Ihre Durch=
laucht präsidirten. — Die großen Hunipen
müßten bey Tafel wieder eingeführt wer=
den. — In den Gymnasien und Schulen
muß vorzüglich der Comment der Jugend
eingeflößt werden, wenn was ordentliches
herauskommen soll. — In den Städten
würden die Bürger beym Scheibenschießen
vom Stadtschreiber, und auf den Dörfern,
in den Schenken vom Dorfschulmeister, und
sollte dieser ein dummer Esel seyn, vom
Dorfpastor im Comment instruirt — u. s.
w. u. s. w.

Der Fürst trauete kaum seinen Augen,
als er das unverschämte Commentgeschwätz
las: nachdem er sich aber von der Existenz
der Possen überzeugt hatte, glaubte er, der
Verfasser habe ihn zum Besten haben wollen,
und

und ärgerte sich gar mächtig über die straf-
bare Insolenz des Gießer Renommisten.
Flugs ließ er seinen Hofrath holen, welcher
ein Klaglibell an die Universität schicken, und
Herrn Euler wegen grober Injurien wider
einen Fürsten anklagen mußte..

Die Herren zu Gießen lachten zwar
über die Schnurre, und sahen wohl ein, daß
Euler nichts weniger willens war, als den
Fürsten zu beleidigen; aber Satisfaction
mußte dieser doch haben, und so wurde Euler auf zwey Jahre relegirt.

Dies war ein Donnerschlag für die
Gießer: einer ihrer honorigsten Bursche sollte fort! — Seine Freunde machten ihm
einen Comitat, das heißt, sie begleiteten ihn
zum Thor hinaus, nachdem sie im Stern
wacker gezecht, und ihren Unmuth in Wein,
Schnapps und Bier ersäuft hatten. Unter
dem Galgen wurde Halt gemacht, und mehrere Bouteillen Wein auf Eulers Wohlseyn,
und auf ewige Freundschaft ausgeleert. —
Einer von der Begleitung betrachtete den
Gal-

Galgen, und rief endlich mit einem Wein‌glas in der Hand: es leben alle die, welche künftig noch an diesem Galgen hängen wer‌den! vivant hoch! erschallte es aus allen Kehlen. Ja, schrie Euler: es leben auch‌diejenigen alle hoch, welche bereits an die‌sem Galgen gehangen haben! Bravo! vi‌vant hoch, grölte der ganze Haufe, vivant hoch, und auch Bruder Euler vivat hoch!

Sie schieden von einander, und Euler kam einige Tage hernach in das Dorf, wo sein Vater, der Pastor Simon wohnte.

Vierzehntes Kapitel.
Allons nach Schilda!

Er stieg an der Schenke ab, weil er sich erst erkundigen wollte, ob sein Gönner: denn daß es sein Vater war, wußte er noch nicht — auch schon von seiner Verjagung aus Gießen gehört habe, um auf alle Fälle sich in etwas zu präcautioniren.

„Ih

„Ih mei Gott, und mei Herr, Moß=
seh Hanhenrich, rief ihm der Wirth entge=
gen, wo kum He dann her? Heut früh iß
noh Ihm geschickt worr noh Goise, und He
iß schund da!"

Euler. Hab' doch keinen Boten an=
getroffen?

Wirth. Joh, joh, mei Hanpeter iß
hene geritt', er wird naune wuhl da sey.

Euler. Weßwegen ist denn nach mir
geschickt worden?

Wirth. Und das wäß He noch nett?
Du lieber Gott, der Herr Pastor Simon iß
schund äh Paar Woche krank; naune iß er
abber so schlecht, doß se ihm ufs Enne war=
ten.

Aha, dachte Euler, pfeifft Du daher:
allons marsch zum Alten!

Spornstreich lief er ins Pfarrhans, wo
er alles in der größten Unordnung fand. Der
Herr Pastor war eben verschieden, und der
Gerichtshalter versiegelte alles was nicht
nothwendig offen bleiben mußte. Als der

Eulerkapper.   J   Ge=

Gerichtshalter unsern Euler erblickte, sprang er auf ihn zu, drückte ihm die Hand, und sagte: gratulor Herr Euler, zur Erbschaft, der selige Herr hat Sie zum Universalerben eingesetzt. Ist das nicht bon?

Euler (mit verstellter Traurigkeit) Ach Gott, mein guter Vetter, mein Gönner, mein Wohlthäter!

Gerichtshalter. Herr, Sie erben zwölf tausend Gulden, und bey so einer Erbschaft, dächt ich, vergißt man Vetter, Gönner und Wohlthäter.

Euler hatte gegen dieß Argument nichts einzuwenden; er trocknete seine Thränen, und war bald wieder so fidel, als säße er zu Gießen in der Kneipe des Eberhard Busch.

Nach dem Begräbniß des seligen Herrn Pastors, wobey die ganze Geistlichkeit von weit und breit her stattlich tractirt wurde, und wohlbezecht nach Hause kehrte, wurde das Testament eröffnet; aber siehe da, der Herr Pastor Streuber von Babenheim war als Executor ernannt, und zum Curator des junger

gen Herrn beſtimmt, bis derſelbe einſt Paſtor ſeyn würde.

Das war ein Donnerſchlag für Eulern:
er hoffte, daß ihm das Vermögen ſofort in
die Hände würde gegeben werden, und nun
hatte er einen Curator, welcher ihm das
Geldchen pro lubitu zuzetteln konnte. Er
offenbarte ſeine Verlegenheit dem Gerichtshälter; dieſer hieß ihn gutes Muths ſeyn:
Herr, ſagte der Gerichtshälter, der Paſtor
Streuber iſt ein fideler Bruder, der Ihnen
gewiß geben wird, ſo viel Sie verlangen:
aber freylich müſſen auch Sie erkenntlich
ſeyn: denn gegen Unerkenntliche iſt Paſtor
Streuber ſo gewiſſenhaft, wie ein Advocat,
der ſo eben wegen des criminis falſi vom
Bau kommt, und doch aus landesväterlicher
Gnade bey der Praxis gelaſſen worden iſt.
Morgen beſuchen Sie ihn ſelbſt, und dann
wird ſich das Uebrige ſchon von ſelbſt geben.

Euler befolgte den Rath des Gerichts-
halters, und begab ſich den folgenden Tag
nach Badenheim zum Paſtor Streuber. Die-

J 2   ſer

ser saß eben mit dem Dorfrichter bey einem
Glas Schnapps, und unterhielt sich über die
Tagsgeschichten: denn eben war der Krieg
zwischen Oesterreich und Preußen ausgebro-
chen. Der Schulz war gut österreichisch ge-
sinnt: denn er glaubte, als Mitglied und
zwar als actives Mitglied des heiligen römischen Reichs, müsse er auch dem Durchlauch-
tigsten Hause Oesterreich anhangen, welches
diesem Reich bereits zehn Kayser geliefert
habe. Der Pastor hingegen vertheidigte, als
guter Protestant, die Sache der Preußen:
denn er glaubte, der König Friedrich wolle
der Religion wegen Schlesien haben, um den
bedrückten Protestanten aufzuhelfen. Der Di-
sput hatte sich zwischen beyden sehr erhitzt, und
eben wollte der Pastor dem Dorfrichter durch
eine derbe Ohrfeige beweisen, daß er Recht
habe, und daß Maria Theresia absolut Schlesien verlieren müsse, als Euler in die
Stube trat.

Seine Erscheinung endigte den Streit:
der Pastor stand auf, und fragte ihn, wen
er die Ehre habe zu sehen?

Euler.

Euler. Ich bin der Studiosus Euler —

Pastor. Aha willkommen, Domine Relegate! Na, wie gehts, wie stehts?

Euler. Sollten Sie schon von meinem Pech gehört haben?

Pastor. Freylich. Aber das thut nichts. So ein Malhör kann einem braven Kerl schon passiren, ehe er sichs versieht. Bin auch drey Mal relegirt, und doch Pastor geworden. Haben Sie denn Ihren Cursus vollendet.

Euler. Ich zweifle.

Pastor. Na, was haben Sie denn für Collegia schon gehört?

Euler. Je nun die Dogmatik beym Doctor Benner, die Moral bey eben demselben, und die Kirchenhistorie, weiter nichts.

Pastor. Nicht die Polemik?

Euler. Nein.

Pastor. O weh, o weh! — Nicht die Casuistik?

Euler.

Euler. Nein.

Paſtor. O weh, o weh! — Nicht
die Metaphyſik?

Euler. Nein.

Paſtor. O weh, o weh! — Sehn
Sie Freund, da fehlen Ihnen noch die Haupt-
ſcienzen. Ohne Polemik iſt man gar nichts.
Wie will man ohne Polemik die Katholiken
und die Calviniſten widerlegen. Ohne Ca-
ſuiſtik kann man keinen Gewiſſensfall ent-
ſcheiden Z. B. ob pollutiones nocturnae
Sünden ſind)*! Ohne Metaphyſik, du lie
ber Himmel, was iſt man da für 'n Rindvieh! da weiß man vollends gar nichts,
weiß nicht, was Subſtanz, was Accidenz
iſt, was die vier genera cauſſarum, was
die zehn praedicamenta ſind u ſ. w. Mein
Herr, Sie haben noch nicht ausſtudiert;
Sie müſſen wieder auf die Univerſität.

Euler. Ich bin aber relegirt?

Paſtor.

---

*) Dieſe höchſtwichtige Frage iſt in Ludo-
vici Dunte caſibus conſcientiae ent-
ſchieden, und zwar bejahend

Paſtor. Iſt denn Gießen die einzige Univerſität in Deutſchland? Wiſſen Sie was, gehn Sie nach Schilda, da iſt eine treffliche hohe Schule, da kann man was rechts lernen. Bin ſelbſt auch da geweſen (ſchlägt ſich zufrieden auf den Bauch)

Euler. Je nun, wie Sie meynen, Herr Paſtor.

Paſtor. Ja, ja, Freund, allons nach Schilda, dort ſoll ſchon noch etwas rechts aus Ihnen werden. Aber wie viel Geld müſſen Sie jährlich haben?

Euler. Je nun, ich dächte, ein vierhundert Thälerchen wenigſtens.

Paſtor. Pah Freund, Freund wohin denken Sie? Wenn Sie noch ſagten ein hundert funfzig, hochſtens zwey hundert Thälerchen.

Euler. Kann wahrlich nicht anders auskommen. Sie ſind ſelbſt Student geweſen.

Paſtor. Ja wohl, ja wohl: ich weiß was es koſtet. Aber ſchwerer Verantwortung

tung ſetze ich mich aus, wenn ich Ihnen zu viel gebe.

Euler. Wenn ich Sie aber wegen dieſer etwanigen Verantwortung entſchädige?

Paſtor. Gut, ich will Ihnen einen Vorſchlag thun: Sie ſchicken mir alle viertel Jahre eine Quittung auf 125 Thaler, und erhalten dafür 100. Sind Sie das zufrieden?

Euler (den Paſtor umarmend). De tout mon coeur, beſter Freund. Gleich will ich Ihnen die erſte Quittung ſchreiben: aber ich muß 150 Thaler haben, wegen der Reiſekoſten.

Paſtor. Bon, ſo machen Sie die Quittung auf 187 Thaler 12 Groſchen.

Euler ſchrieb die Quittung, empfing ſein Geld, und lange vorher, ehe die Collegien anfingen, war er in Schilda.

Funf=

Funfzehntes Kapitel.
Kataſtrophe oder Anaſtrophe.

Ich würde gethane Arbeit abermals
thun, wenn ich hier die berühmte Akademie
zu Schilda näher beſchreiben wollte; dieß
that ich ſchon im Jahr 1798 und 99 in drey
eben nicht ganz kleinen Bänden, und manche
meiner Leſer haben ſich über meine aus ächten Quellen gezogenen Nachrichten baß ge-
freut, obgleich andre ſich baß darüber ge-
ärgert haben. Alſo kein Wort von der Ein-
richtung der Univerſität und von ihrem Weſen, ſondern nur von dem, was Euler, der
Held unſrer Geſchichte, daſelbſt gethan hat.

Unweit Schilda ſteht ein Wirthshaus,
wo Schwager Matz, der Poſtillon, jedesmal
einkehrte: dießmal, als er unſern Euler fuhr,
machte Freund Matz keine Ausnahme von
der alten Regel und kehrte ein, ſo ungern
es auch Euler ſahe, welcher vor Begierde
brannte, die Herren zu Schilda kennen zu
lernen. Indeſſen mußte er nachgeben: er
stieg

stieg gleichfalls ab, und ging ins Haus; bald
bemerkte er, daß einige wohlgekleidete junge
Leute die Treppe hinaufgingen. Er fragte
den Wirth, wer diese wären.

„Das sind Studenten, erwiederte dieser; sie halten eine gelehrte Gesellschaft unter dem Vorsitz des Herrn Professors Simon.
Dann und wann, wenn's hübsch Wetter ist,
kommen die Herren zu mir, und halten ihre
gelehrten Untersuchungen hier."

Euler hatte kaum gehört, daß Studenten oben wären, als er schnell die Treppe
hinauf und zur Versammlungsstube hinein-
lief. Die Anwesenden verstummten, als sie
einen baumstarken Menschen mit einem großen Hieber, und einem allmächtigen Hut her-
einrennen sahen.

„Verzeihen Sie, meine Herren, daß
ich so gerade hereinkomme. Ich bin auch
Student, und werde künftig in Schilda studieren. Hab 400 Thaler Wechsel, und hoffe
damit auszukommen. Hier (schlägt auf die
Hosentasche) hier ist Moses und die Prophe-
ten. Bey

Bey den Worten Moses und die Pro=
pheten und bey der Versicherung von 400.
Thaler Wechsel machte Herr Professor Si=
mon große Augen: denn wenige Schildaer
hatten so viel, am allerwenigsten die von sei=
ner gelehrten Gesellschaft. Ha, dachte er
bey sich selbst, den mußt du zu gewinnen
suchen.

Ganz höflich bat er den Fremden, Platz
zu nehmen. Euler setzte sich, und stopfte
seine Pfeife: denn er sah, daß auch andre
Tabak rauchten?

„Haben der Herr schon ein Logis in
Schilda, fragte Herr Simon in einem sehr
höflichen Ton?"

Euler. Noch nicht: werd aber wohl
eins bekommen.

Simon. O gewiß. Aber es ist nur
die Frage, ob Sie so eins bekommen wie
Sie es zu haben wünschen.

Euler. Mein Quartier muß erstens nach
der Straße gehen: denn nach den Mistlö=
chern gucke ich nicht gern. Zweytens muß
ich

ich hereinkönnen, wenn ich will, weil ich
mich an keine Zeit binde; und drittens muß
ich nicht gepreßt werden, denn ich bezahle
honett.

Simon. Nach Ihren ersten beyden
Forderungen werden Sie sicherlich in den
meisten Häusern unsrer Stadt hinlänglich sa-
tisfacirt werden, aber was die dritte be-
langt, da weiß ich nicht, ob jedes Logis Ihrer Erwartung entsprechen möchte.

Euler. So? Versteht man das Prellen denn in Schilda auch so gut, wie in
Gießen?

Simon. Zuverläßig. Indeſſen giebt
es doch Häuser, wo Prellerey nicht Mode ist.

Euler. Eh bien, Herr Professor,
weisen Sie mir so ein Haus zu.

Simon. Wenn ich nicht in aller Hinsicht ganz uneigennützig scheinen wollte, so —

Euler. Nun, Herr Professor, weiter, wenn ich bitten darf.

Simon. Würde ich Ihnen mein ei-
genes Haus vorschlagen.   Euler.

Euler. Bene, optime, optimiſſime. Was ſoll ich Miethe geben?

Simon. Sie müſſen doch das Logis erſt ſehen.

Euler. Ich verlaſſe mich auf Ihr Wort.

Simon. Der vorige Herr Bewohner zahlte mir halbjährlich zwanzig Thaler, und vier Thaler für Aufwartung.

Euler. Optime, will gleich pränumeriren. (Der Wirth tritt ein.)

Simon. Nicht doch, das hat Zeit.

Euler. Wenn ich aber pränumeriren will?

Simon. Auf Ehre, ich nehme keinen Heller.

Wirth. Ih, Herr Profeſſor, laſſen Sie denn doch den Herrn pränumeriren, wenn er durchaus will.

Euler. Der Herr Wirth hat Recht: Sie müſſen die Pränumeration annehmen.

Simon. Nimmermehr! Heute keinen Heller; Sie müſſen erſt das Logis ſehen.

Wirth

Wirth (leife zum Profeffor) Laffen
Sie ihn doch immer pränumeriren: dann
können Sie mir ja auch die 7 Thaler 4 Gr.
9 Pf. geben, die Sie mir fchon fo lange Zeit
her fchuldig find.

Simon (leife zum Wirth) Es ift
wider meine Ehre. (laut zu Euler) Ich nehme jetzt nichts: befehen Sie erft Ihr Zimmer, dann ifts Zeit genug. (zum Wirth leife)
Morgen will ich Ihnen das Geld heraus-
fchicken.

Wirth (im Abgehen). Ja, morgen
am letzten Feyertag. Borge nur einer den
Gelehrten!

Indem klatfchte der Poftillon; Euler
brach auf, Herr Simon fchloß für heute die
gelehrte Gefellfchaft, und fuhr mit feinem
neuen Hausburfchen nach Schilda. Euler
befah das Zimmer, es gefiel ihm, und nun
ließ fich Simon pränumeriren.

Den folgenden Tag fchlief unfer Mann
fehr lange, weil er von der Reife müde war.
Kaum war er aber angekleidet, fo kam fein
Herr

Herr Wirth, und hat ihn zum Mittagseſſen.
Er acceptirte, und fand da noch mehrere
Studenten am Tiſche. Er fragte, ob die
Herren auch im Hauſe logirten, und hörte
zu ſeiner Verwunderung, daß ſie nur den
Tiſch beym Herrn Profeſſor hätten. In Gießen war es nämlich nicht Mode, daß Pro-
feſſores auch zugleich Speiſewirthe geweſen
wären: denn die Herren hielten es unter ihrer Würde, den mit Abgaben belaſteten Bürgern auf dieſe Art ihre Nahrung zu ſchmälern.

Euler fragte haſtig, ob er nicht auch
die Ehre haben könnte, mit dem Herrn Profeſſor zu ſpeiſen? Die Frau Profeſſorin be-
jahete die Frage, und unſer noch geldreicher
Held pränumerirte auch den Tiſch auf ein
Vierteljahr.

Indeſſen hatte Euler nicht vergeſſen,
daß er ein honoriger Burſch in Gießen geweſen war: und wollte auch in Schilda von
ſeinen Commentskenntniſſen den nöthigen Gebrauch machen. Er begab ſich in der Ab-
ſicht auf eine Schenke, wo Studenten zu-
ſam-

fammen zu kommen pflegten. Zum Unglück
hatte der neue in Schilda aufgekommene Or=
den der Amicisten diese Schenke nach löbli=
chem Gebrauch der Ordensbrüder und der
Gnoten zu ihrem Kommerschhaus erwählt,
aber doch würde Euler nicht seyn insultirt
worden, hätte nicht kurz vorher die Mut=
terloge der Amicisten zu Jena den Orden der
Kakodämonisten für unehrlich erklärt gehabt.
Ein ehemaliger Gießer, welcher noch vor
sechs Monaten daselbst gewesen, und hernach
nach Jena gegangen, von da aber bald sei=
nes Wohlverhaltens wegen relegirt worden
war, erkannte Eulern, und steckte es schnell
seinen Ordensbrüdern, daß dieser der ehema=
lige Secretär des Kakodämonistenordens sey.
Die Herren murmelten unter einander, aber
Euler muthmaßete noch nichts Böses, er nä=
herte sich vielmehr seinem Bekannten, und
reichte ihm freundschaftlich die Hand. Apa-
ge Satana! rief dieser, und stieß ihn derb
zurück.

„Nun Herr Bruder, sagte Euler, Du
machst wohl Deinen Spaß; willst mich wohl
exor=

erorciren mit Deinem Agage Satana? Der
Teufel ist Dein Bruder, blamirter Bengel,
schrie der Andere, und in dem Augenblick bekam Euler eine Menge Rippenstöße und Ohrfeigen, und wurde endlich mit nichts dir
nichts die Treppe herunter geworfen.

Er wußte nicht, wie ihm geschehen war,
und ging nach Hause. Eine Stunde hernach
kam Herr Simon auf seine Stube. „Guten
Abend, mein Lieber, sagte dieser; ich be-
daure Sie, Sie sind ohne Ihre Schuld beleidigt worden.

Euler. Ja wohl ohne meine Schuld:
ich weiß wahrlich nicht. warum?

Simon. Ich wills Ihnen sagen. Ihre
Beleidiger sind Amicisten, die ärgsten Feinde des Ordens, in welchem Sie in Gießen
gewesen sind.

Euler. Aha, ist das so? — (langsam)
Ich muß mir Satisfaction verschaffen.

Simon. Die kriegen Sie nicht. Die
Amicisten geben keinem Kakodämonisten Satisfaction.

Eulerkapper. K Euler

Euler. In diesem Fall muß ich klagen.

Simon. Werden schön ankommen: die Amiciften werden von unserm Canzler geschützt.

Euler. Dann bleibt mir nichts übrig, als geradezu Schilda zu verlassen. Ich darf hier nicht als blamirter Junge auftreten.

Simon. Ich will Ihnen einen Rath geben; werfen Sie sich ganz in die Arme der Musen, studieren Sie auf einen Profeſſor, und jedermann wird Sie ehren, selbst Ihre Feinde werden Respekt vor Ihnen haben.

Nun differirte Herr Profeſſor Simon ein Langes und ein Breites über den Werth der Wissenschaften, über die Leichtigkeit bald gelehrt zu werden, und über den Flor der Gelehrsamkeit in Schilda. Euler wurde bald überzeugt, daß es besser sey, ruhig zu leben, als sich herumzubalgen: denn Trotz aller Renommiſterey, und aller Commentswiſſenschaft, war er im Grunde doch nur ein Erzpoltron, der den lieben Frieden, und eine warme Suppe begehrte. Er entschloß sich also

also den Musen zu fröhnen, und den Comment Comment seyn zu lassen.

Sechszehntes Kapitel.
Der gelehrte Euler.

Das erste, welches unser Held der
Reforme unterwarf, waren die großen Stiefeln und der Burschenhut; beyde wurden mit
solchen vertauscht, wie sie die Herren Professoren in Schilda zu tragen pflegten. Sein
Hauswirth freute sich über diese Metamor-
phose, und führte seinen Freund, wie er ihn
stets nannte, in allen Gesellschaften ein, die
ihm selbst offen standen. Aller Orten gefiel
Euler, denn er war freygebig, ließ Colla-
tionen anstellen, und führte die Damen spazieren. Freylich benahm er sich hiebey sehr
linkisch, als gewesener Renommist, auch ent-
fuhren ihm zu Zeiten gewisse Bernausdrücke,
z. B. die Mamsell ist, Gott strafe mich, kein
Hund; er hat Manschetten; meine Pfeife ist
auf dem Mist; u. d. gl. aber wegen seines

K 2   Gel-

Gelbes nahm man das Ding nicht so genau: denn statt 400 Thaler mußte ihm nun der Herr Curator 800 jährlich schicken, wofür er für 1000 Thaler Quittungen remittirte.

Endlich gingen die ewig langen Oster= ferien in Schilda zu Ende, und Herr Euler mußte sich Collegia wählen. Sein Wirth hatte ihn ermahnt, sich in allen Fächern der Gelehrsamkeit umzusehen, er wählte also fol= gende Lectionen:

Vormittags
> von 7 — 8   Polemik.
> — 8 — 9   Pandecten.
> — 9 — 10 Staatsrecht.

Nachmittags
> von 3 — 4 Pathologie.
> — 4 — 5 Metaphysik.

Dabey nahm er noch einen Lehrer in der eng= lischen Sprache an. Auf jeder andern Uni= versität würde eine solche Wahl der Lehrstun= den äußerst lächerlich seyn gefunden worden, aber Euler war zu Schilda, und da fiel es gar nicht auf, selbst Professor Simon hatte nichts dagegen einzuwenden.   Das

Das erste halbe Jahr ging zu Ende; Euler hatte fürchterlich hinter den Büchern gelegen, hatte keine Lehrstunde versäumt, und jedes Mal richtig wiederholt; er wußte also von allem etwas, ungeachtet er auch nicht die geringste gründliche Kenntniß hatte.

Im zweyten halben Jahre hörte unser Freund das Staatsrecht, die Kirchenhisto- rie, das Accouchement, die Botanik, und lernte Spanisch: im dritten halben Jahr endlich nahm er die Algebra die Homiletik, die Casuistik vor, hörte ein Collegium über die arabische Grammatik, und hielt sich ei- nen italiänischen Lehrmeister.

Beyher las er eine Menge gelehrter Zeitungen, nämlich alle die, welche damals herauskamen: alle neuen Bücher, die Auf- sehen machten, kaufte er sich, und bekam dadurch ein solches Chaos von Wissenschaf- ten in den Kopf, daß er papageyartig von allen Dingen, welche in die gelehrten Kennt- nisse einschlagen, räsonniren konnte. In allen Gesellschaften, wohin er kam, führte er

er das Wort, und schwaßte alles so bunt
durcheinander, daß kluge Leute weggingen,
daß aber die Unwissenden da standen, nnd
den gelehrten Euler als ein Licht der ersten Größe anstaunten, und sich vor ihm
beugten.

Bisher ging alles recht gut; Euler
lebte unter seinen Büchern, und im Umgang
mit Gelehrten, welche seines Beutels nöthig
hatten, und kümmerte sich um die ganze Welt
weiter nicht. Aber jetzt kam auch die Periode, daß ihm Mosjeh Amor, auf griechisch
Eros genannt, einen schlimmen Streich spielte. Als Renommist hatte Euler zwar dann
und wann mit einer Aufwärterin oder einer
Gassennymphe ächt burschikos gescherzt, auch
war er in der Real- und Verbal-Zotolo-
gie gar kein Neuling; aber Liebe war ihm
stets fremd geblieben, und kein Mädchen hatte ihn wirklich gerührt. In Schilda trieb
er bloß Wissenschaften, zwar auf eine sehr
verkehrte Weise, aber doch con amore, und
wer ernsthafte Wissenschaften con amore
treibt,

treibt, der bleibt meistens frey von den Näh=
rungen der Liebe. Denn

Otia si tollas periere cupidinis arcus *).

Doch lang geborgt, ist nicht geschenkt; und
so trafs auch bey unserm Freund Euler ein.

Die Frau Professorin, die Hauswirthin
des Helden der Geschichte, hatte eine Schwe=
ster, die an einen Stadthäscher in der Resi=
denz verheirathet war. Der Herr Nepp,
oder Häscher starb und hinterließ Frau und
Kind in dürftigen Umständen: in der Resi=
denz war alles gar sehr theuer, und da es
in Schilda wohlfeiler zu leben war, auch
der Herr Professor seiner Frau Schwägerin
freyes Quartier versprochen hatte, so zog sie
zu ihrer Schwester ins Haus.

Es versteht sich von selbst, daß die
Frau Greiff — so hatte der selige Nepp ge=
heißen — nicht unter dem Prädicat einer
Frau Neppin oder Häscherin erschien: sie ließ
sich Madam heißen, wie sie auch schon in
der Residenz geheißen hatte: denn der Titel

Mada=

*) Ovid. Rem. Amor. L. 1.

Madame paßt für alle Frauen, für die Königin und für die Halterin eines Bordels. Ihr Mann war aber Stadtquaſtor geweſen, und die Stadtquaſtur war, wie ſie ſagte, ein gar anſehnliches Amt.

Madam Greiff hatte eine Tochter von achtzehn Jahren, ein Mädchen von ganz hübſchem Format, und von einfachen unverdorbenen Sitten. Euler ſahe ſie gleich am Tage ihrer Ankunft, und da ſie ihn ohne daß ers wußte, intereſſirte, ſo kramte er ihr viel von ſeiner Gelehrſamkeit aus. Das gute Minchen verſtand kein Wort von allem dem Zeuge aber ſie hörte ihm doch, und zwar ohne allen Widerwillen zu Euler nahm dieß für Beyfall lobte Minchens Verſtand und Einſichten, ungeachtet ſie nicht ein Wort geſprochen hatte, und verſprach, ſich in Zukunft mit ihr mehrmals über Gegenſtände dieſer Art zu unterhalten, ſie ſchiene ihm recht dazu geſchaffen zu ſeyn, um bereinſt eine Schurmann, eine Olympie Mörata oder eine Dacier abzugeben u. ſ. w.

Den folgenden Tag früh sahe Euler das schöne Minchen im Garten spazieren gehen. Im Augenblick war er auch da, hatte Heisters Chirurgie in der Hand, und nöthigte Minchen sich mit ihm in eine Laube zu setzen: Minchen sperrte sich nicht, und setzte sich neben ihn. Nun öffnete Euler den dicken Quartanten, und bemonstrirte dem unschuldigen Mädchen alle Arten von Bruchbändern. Minchen ward über und über roth: ein andres Mädchen würde böse geworden, und fortgelaufen seyn, aber Minchen ward nicht böse, und blieb ganz ruhig sitzen. Im Grunde hatte sie nicht Unrecht: denn Euler wollte nichts weniger als sie beleidigen, er hielt es gar nicht für unanständig, von Bruchbändern mit einem Frauenzimmer zu sprechen, hatte doch der berühmte Heister von Brüchen und Bruchbändern geschrieben, und diese Raritäten in Kupfer stechen lassen.

Täglich war Euler mit Minchen zusammen, und weder der Professor noch Minchens Mutter hinderten dieses Beysammenseyn

seyn im Geringsten. Endlich nahm die Ma=
ma, welche von Eulers Umständen hinlänge=
lich durch den Professor und dessen Frau un=
terrichtet war, Minchen vor. „Höre Töch=
terchen, sagte sie, wie gefällt Dir der Herr
Euler?"

Minchen. O recht gut, Mamachen;
es ist ein hübscher Mensch: nur daß er zu
sehr gelehrt spricht.

Mad. Greiff. Wie soll er denn an=
ders sprechen. Die Gelehrten sprechen ge=
lehrt: das ist ja ihr Geschäft. Sprach Dein
Vater nicht auch immer von Krummschließen,
vom Fangen, vom Auspfänden, vom Capi=
tel, vom Stock und andern Sachen, die zur
Nepperey gehören? — Aber daß Du Dich
ja gegen niemand, weder gegen den Herrn
Euler noch gegen sonst jemand verschnappst,
daß Dein seliger Vater ein Nepp gewesen
ist. Aber um wieder auf unsre Sache zu
kommen, wie gefällt Dir der Herr Euler?

Minchen. Wie gesagt, recht gut.
(erröthend)

Mad.

Mad. Greiff. Und gefällst Du ihm denn auch?

Minchen. Ih Mamachen, weiß ich denn das?

Mad. Greiff. Und bist doch alle Tage mit ihm allein. — Hat er Dir denn noch nicht gesagt, daß Du ein hübsches Mädchen wärst, daß er Dir herzlich gut wäre, daß er Dich gern haben möchte?

Minchen. Nein Mamachen, von allem diesem hat Herr Euler nicht das Geringste gesagt. Er spricht bloß von Gelehrsamkeit: noch gestern erklärte er mir, wie die alten Deutschen lange vor Erschaffung der Welt ihre Bücher zusammen gerollt haben.

Mad. Greiff (vor sich). Der Hacke muß ich einen Handhabe machen. (laut.) Minchen, daß Du's nur weißt, Du sollst nicht mehr mit Herrn Euler allein seyn: und daß Du Dich nicht unterstehst, wider meinen Willen zu handeln.

Sieb-

Siebzehntes Kapitel.

Der Bräutigam und der Magister

Euler kam eben von der Bibliothek wo er sich den Koran von Maraccius geholt hatte — denn ob er gleich kaum sechs oder acht arabische Buchstaben kannte, so holte er sich doch stets arabische Bücher, weil er sich gern für einen großen Araber gehalten wissen wollte — und fand Mamsell Minchen im Hof: „Ich will nur mein Buch ablegen, und dann wollen wir in den Garten gehen."

Minchen. Nein Herr Euler, ich gehe nicht mit.

Euler. Warum das, Mamsell?

Minchen. Ich soll nicht mehr mit Ihnen allein seyn. Indem sie dieß sagte, lief sie auf ihr Zimmer: denn sie bemerkte ihre Mutter am Fenster. Euler stand ganz verblüfft da, machte ein Gesicht, wie ein durchgefallener Kandidat, und schlich langsam auf seine Stube. Es ward ihm ganz enge um die Brust, und nun fühlte er erst, wie

wie nöthig ihm Minchens Gegenwart unter
vier Augen war. Aber zu schüchtern, um
etwas von seinen Empfindungen sichtbar wer=
den zu laſſen, würde er durchaus geſchwie=
gen, und lieber ſich heimlich abgehärmt ha=
ben, wäre Madam Greiff nicht auf ſeine
Stube gekommen, und hätte ihn alſo ange=
redet: „Lieber Herr Euler, ich muß Sie
ſehr bitten, mit meiner Tochter weiterhin kei=
nen Umgang mehr zu haben. Ich weiß
zwar, daß Sie ein rechtſchaffner Mann ſind,
der die Ehre eines Mädchens zu ſchätzen weiß,
aber man muß auch den Schein meiden, und
zwar beſonders bey der Lage, worin ſich
Minchen befindet."

Euler (ſtotternd). Aber mein Gott,
liebe Madame, welche Urſache —

Mad. Greiff. Ich muß mit Ihnen
aufrichtig reden: ich beſtimme Minchen dem
Sohn eines guten Freundes zur Frau, und
heute habe ich Briefe bekommen, daß wir
nach der Reſidenz reiſen ſollen. Vielleicht
kann bald aus der Sache was werden.

Euler.

Euler. Minchen — heirathen? — Nimmermehr!

Mad. Greiff. Ha, ha, Sie thun ja so ängstlich, wie ein Liebhaber, dem man seine Geliebte rauben will! Und doch weiß ich, daß Minchen Ihnen ganz gleichgültig ist.

Euler. Minchen mir gleichgültig? Sie ist ja meine beste Freundin!

Mad. Greiff. Das soll und wird sie auch bleiben, wenn sie einen Mann hat.

Euler (hastig). Sie soll aber keinen Mann nehmen!

Mad. Greiff (ironisch). Soll sie denn etwan ins Kloster ziehen? (Euler steht ganz verdutzt da.) Sie macht zwar kein großes Glück: indeß ein armes Mädchen kann auch auf ein kein großes Glück Anspruch machen. Was ist Ihnen Herr Euler? Beynahe sollte ich glauben, Sie liebten Minchen?

Euler. O Madam, mehr als mein Leben.

Mad. Greiff. Das ist was anders. Hören Sie, wenn Sie meine Tochter lieben, so so erklären Sie sich in Beyseyn meines Schwagers, und dann werden wir ja sehen.

Was weiter geschah, versteht sich von selbst: Euler erklärte sich, und nach einigen Tagen wurde das Verlöbniß des Herrn Candidaten Euler mit Mamsell Minchen Greiff allen vornehmen Schildaern durch Karten, und dem deutschen Publikum durch ein Aviso in dem Hamburger Korrespondenten kund gethan.

Als Student oder als Candidat wollte aber doch Herr Euler seine Braut nicht heimführen, und längst hatte er auf die Stelle eines Pastors Loci Verzicht gethan: denn nach seiner Meynung besaß er professormäßige Kenntnisse, also wollte er auch Professor werden. Der erste Grad zum Professor ist aber der Magister: daher wollte er magistriren, Minchen heirathen, und beym Collegienlesen die Professur geduldig abwarten.

Er ließ sich deßhalben einen derben Wechsel schicken — denn die akademischen Würden sind, wie der deutsche Reichsadel

für

für Geld zu haben — meldete sich bey der
philosophischen Facultät, und diese examinirt
te ihn, ließ sich bezahlen, und trug ihm auf,
eine Dissertation zu schreiben, und zu pro-
moviren.

Euler hatte längst an ein Thema gedacht; namlich über die Abschaffung des Sol-
datenstandes in einem wohlgeordneten Staa-
te. Er schrieb eine Abhandlung in deutscher
Sprache und theilte dieselbe in drey Kapitel. Das erste handelte von der Unnützlich-
keit der Soldaten, das zweyte von ihrer
Schädlichkeit, und das dritte von der Noth-
wendigkeit, sie abzuschaffen. Euler hatte in
Gießen, pro more jener Zeiten, nur Küchen-
latein, und zwar auch dieses in sehr gerin-
gem Grade gelernt: daher wendete er sich
an einen armen aber gelehrten Teufel, welcher für einige Thaler das Machwerk ins
Latein übersetzte. Nun disputirte Euler, antwortete quid pro quo, und ward Magister.

Noch ehe Euler examinirt wurde, das
heißt gleich nach seiner Verlobung mit Minchen,

chen, genoß er die Freyheit, vertraut mit
seinem Mindchen umzugehen, und fühlte nun
selbst, daß es abgeschmackt ist, mit einem
Frauenzimmer von Bruchbändern und von
den Brüchen der alten Deutschen zu reden.
Er hatte aber leider keine Kenntnisse gesam=
melt, die auch im gesellschaftlichen Leben gel=
ten, und war daher in großer Verlegenheit,
als ihn Mindchen um ein Buch bat, womit
sie die Stunden, welche sie ohne ihn zubrin=
gen mußte, sich verkürzen könnte. Doch
besann er sich, daß ein Antiquar in Schilda
wohnte, welcher einen großen Vorrath recht
hübscher Lesebücher hatte. Er lief hin und
fand was er suchte, auch nahm er gleich
drey Stücke mit; nämlich den gehörnten Sieg=
fried, den Claus Narren und den Kyau.
Mindchen verschlang diese Bücher: denn bis=
her hatte sie noch nichts interessanteres gele=
sen, als die biblischen Historien von Johann
Hübner und die Historia von der grausamen
Zerstörung der Stadt Jerusalem. Euler las
ihr vor, und fand selbst so viel Geschmack an

Bulerkapper.   L   die=

dieſer Lectüre, daß er gar nicht aufhören
konnte, wenn er angefangen hatte. Mitunter lachten beyde über die luſtigen Schnurren des Knau und des Claus, weinten aber
auch bey den traurigen Schickſalen der Fla-
vigunda. Als dieſe herrlichen Producte des
menſchlichen Geiſtes geendigt waren, ging
Euler wieder zum Antiquar, und fand da
unter andern ein Buch: „der im Irrgarten
der liebe herumtaumelnde Cavalier, oder
Begebenheiten des Herrn von Elbenſtein.‟
Der Antiquar verſicherte ihm, dieſes Buch
würde fleißig geleſen, beſonders wären die
Damen zu Schilda ganz raſend darauf ver-
ſeſſen. Ha, dachte er, das muß ja ein köſt-
liches Buch ſeyn, und nahm es mit.

Gegen Abend ging Euler mit Minchen
in den Garten, und las ihr in einer Laube
dieſes zotologiſche Werk vor. Die ſchlüpfri-
gen Scenen, welche da beſchrieben und recht
à la Althing dargeſtellt waren, machten gewaltigen Eindruck auf beyde Liebende: ſie
rückten einander näher Euler ließ das Buch
fallen:

fallen, und umarmte Minchen: seine Hände verirrten sich, Minchen widerstand nur
schwach, und — doch was soll ich da weiter beschreiben: man versteht mich ja doch.

Als sie sich wieder erhoben hatten, sahen
sie sich beschämt an, und Euler, um der Ver-
wirrung ein Ende zu machen, nahm das
Buch wieder zur Hand und setzte die Lectüre
fort: aber kaum waren einige Seiten gelesen, so rückten sie sich noch einmal näher,
das Buch fiel wieder und —

Zum dritten Mal wurde das Buch zur
Hand genommen: dießmal aber konnte das
Lesen ununterbrochen fortgesetzt werden, und
würde gewiß noch lange gedauert haben, wäre nicht Herr Simon gekommen und hätte
ihnen gesagt, sich fertig zu machen, um nach
der Comödie zu gehen; diesen Abend würde
entweder der Doctor Faust, oder Holberge
Bramarvas gegeben.

Ob die Gartenhausscene nachher öfters
wiederholt worden ist, weiß ich nicht, doch
vermuthe ich es, weil Euler Minchen und

L 2   Min-

Mînchen Eulern immer auffuchte, wenn fie
allein feyn kounten.

Indeffen difputirte Euler, ward Magifter, und bereitete fich, feine Hochzeit zu
vollziehen, doch wollte er vorher noch eine
Reife ins Vaterland thun, um fein Vermögen zu holen, welches bis auf einige taufend
Thaler herunter gefchmolzen war.

Achtzehntes Kapitel.
O wey gefchrien!

Euler reifte nach Haus, und verfprach,
binnen acht Wochen höchftens zurück zu kommen: aber feine Gefchäfte verzögerten fich:
denn das Geld war nicht fogleich parat, und
da ihm die Zeit lang ward, machte er einen
Abftecher, um die Gegenden am Rhein zu
befchauen, oder vielmehr um fich in diefen
Gegenden, als einen gelehrten Magifter zu
produciren: denn ein eingegildeter Geck fuche
nur fich felbft, und alles auffer ihm hat nur

so

so viel Werth, als es Bezug auf ihn selbst
hat. So kam denn unser Mann auch nach
Strasburg, wo er, wie an allen Orten, wo=
hin er kam, Exemplare von seiner Disserta=
tion gratis austheilte. Der arme Teufel,
welcher die Dissertation ins Latein übersezt
hatte, war ehemals in Strasburg von dem
dasigen Militär gewaltig beleidigt worden,
ließ daher im zweyten Abschnitt häßliche In=
vectiven wider die französische Armee, und
insbesondere gegen das zu Strasburg da=
mals stehende Regiment La Marc einfließen.
Euler hatte einem Gelehrten, dessen Schwe=
ster die Maitresse eines Capitäns von dessen
Regiment war, geschenkt: der Herr Gelehr=
te las sie, und fand darin folgende Stellen
— „Unter allen Soldaten sind die Franzo=
sen die elendesten: besonders sind die von
La Marc vom Obristen an bis auf den Pro=
foß des Galgens würdig.“ Er übersezte
diese Tirade, und gab die Dissertation und
seine Version dem Hauptmann, welchem er
zugleich den Verfasser, und dessen Logis an=
zeigte.

zeigte. Der Hauptmann eilte zum Commen-
danten, und schrie um Rache: der Commen-
dant ward äußerst zornig, und ließ sofort
Eulern vor sich holen durch ein Commando
Soldaten. „Wer sind Sie, fragte der
Commendant?"

Euler. Ich bin der Magister Euler
von Schilda!

Commendant. Haben Sie den Wisch
da geschrieben?

Euler. Das ist kein Wisch: es ist
eine Inaugu aldisputation.

Commend. Ich frage, ob Sie ihn
geschrieben haben?

Euler. Ja.

Commend. Und alles, was darin steht,
ist des Herrn wirkliche Meynung?

Euler. Allerdings. Ich hab' ja die
Dissertation zu Schilda öffentlich vertheidigt.

Commend. Nun so soll Ihm der
Teufel in den Magen fahren. Herr! Was
untersteht Er sich, so über unser Militär zu
schim-

schimpfen. Aber schon gut. Marsch, fort
ins Prison!

Euler mochte remonstriren, wie er nur
immer wollte, er mußte ins Loch, und die
Wachen, welche erfahren hatten, warum er
ins Loch gekommen war, neckten ihn aufs
unbarmherzigste.

Den folgenden Tag war Verhör: Euler erzählte die wahren Umstände, gestand,
daß er das Ding selbst weder gelesen noch verstanden habe, aber da half alles nichts:
denn es war alles wider ihn. Er wurde ver-
dammt ein Jahr zu Strasburg auf der Citadelle zu sitzen, und die Erlaubniß, Briefe
nach Schilda oder nach Haus zu schreiben,
wurde ihm versagt.

Hier hatte nun der arme Euler Zeit, in
einem finstern Kerker sein Unglück zu bewei-
nen: er glaubte, er würde in den ersten vier
und zwanzig Stunden schon ins Reich der
Schatten abfahren, aber man fährt nicht sogleich ab denn der Mensch kann sehr viel
vertragen. Wasser und Brodt war seine Spei-
se,

se, und Stroh sein Lager: Mäuse aber und Ratten, nebst einigen kleinen Thierchen auf dem Leibe seine einzigen Gesellschafter: mehr als ein Mal verfluchte er den Tag seiner Geburt wie Hiob und Jeremias, aber il falloit avoir patience par force.

Sechs Monate hatte er in diesem Jammerleben zugebracht, als eines Morgens der Kerkermeister kam, und ihm befahl, mit zu kommen. Er wurde in ein Zimmer über die Wachtstube geführt, und fand da — seinen Freund, Martial Schluck von Raufenfels in der Person eines Husarenofficiers.

„Donnerwetter, schrie ihm dieser entgegen, Kerl, wie siehst Du aus? Was hast Du für einen Bart. Hole mich der Teufel, gerade siehst Du aus, als wenn Du vom Galgen gefallen wäreft.‟

Euler wußte nicht, ob er wache oder träume: nachdem er sich aber von der Wirklichkeit der Erscheinung überzeugt hatte, gerieth er vor Freuden außer sich, und fing an, wie ein Kind zu weinen:

Freund

Freund Martial ließ eine Flasche Wein holen, und drang darauf, daß Euler ihm seine Schickfale erzählen sollte: dieser gehorchte mit aller möglichen Aufrichtigkeit und historischer Genauigkeit.

Martial lachte, daß er hätte bersten mögen, endlich sagte er: jetzt tröste Dich Bruder, Dir soll geholfen werden!

Euler. Danke Dir Bruder. Aber wie mein Himmel bist Du denn Officier geworden?

Martial. Wenigstens durch kein Wunderwerk. Schau, als mich die Kerle zu Gießen zum Teufel geschickt hatten, wußte ich nicht, was ich machen sollte. Gelernt hatte ich nichts, und in bonis ha.te ich auch nichts. Ich entschloß mich also kurz und gut, und nahm Dienste unter den französischen Husaren. Es ging gerade ins Feld, und ich hatte Gelegenheit, mich zu distinguiren: denn Du weißt, daß ich das Herz auf'm rechten Fleck habe. Ich rettete einem Prinzen das Leben, und wurde, was ich bin, Rittmeister

ster. Seit acht Tagen sind wir wieder zurück, und stehen setzt hier, bis auf weitere
Ordre. Ich habe da eine Liebschaft errichtet
mit des hiesigen Commendanten Tochter und
gestern war die Verlöbniß. So von ungefähr kam das Gespräch auf Dich; ich hörte
den Namen Euler; Schwerenoth, dacht ich,
sollt es nicht der Euler seyn, den wir in Gießen einst so honorig gepreßt haben. Ich er-
kundigte mich genauer, und kam beynahe zur
Gewißheit meiner Vermuthungen. Jetzt sehe
ich Dich vor mir. Aber sieh, Kerl, eine gute That bleibt nicht unbelohnt, so denk ich:
Du hast in Gießen, als wir den verfluchten
Schuster Wannig pereirten, pro patria allein gesessen, und hast uns nicht verrathen.
Das soll Dir vergolten werden.

Martial hat den wachthabenden Officier, Eulern, den er seinen alten Freund
nannte, ein besseres Quartier einzuräumen,
bis er ihn völlig befreyen würde; Euler
wurde also nach einem ziemlich artigen Zimmer gebracht, und sein Freund ging am
fein- Befreyung zu bewirken.

Nach

Nach einer Stunde kam er schon wieder. Sieh Bruder, sagte er, wie lieb Du mir bist, meine Braut wollte mich absolut nicht fortlassen; ich sollte mit Teufelsgewalt mit ihr nach Kehl fahren, um da einen Hanswurst auf dem Seil tanzen zu sehen. Ja prost die Mahlzeit; ein Hanswurst ist nichts gegen einen Freund, und man muß schon die Braut einmal lassen, um den Freund zu suchen. Die Zeit kommt so baid herbey, wo ich vielleicht gern tausend Meilen von meiner Frau seyn werde. Doch haec in parenthesi, jetzt bist Du frey; aber hole mich der Teufel, so darfst Du nicht im Publikum erscheinen. — Ich werde Dir einen Balbier und Wäsche schicken, und einen Trödelmann mit Kleidern; kannst Dir da was aussuchen. Hast wohl gar kein Geld mehr?

Euler. Nicht einen Heller, Bruder.

Martial. Hier sind dreyhundert Livres, die reichen hin. Nimm: ich muß jetzt fort,

Euler

Euler wollte seinem Freunde danken,
aber der war schon weg, ehe noch das erste
Wort der Gratiasaction heraus war. Der
Balbier kam bald, und machte den Juden-
bart herunter: er erhielt Wäsche, und da
auch der Tröddelmann mit Zubehör erschien,
so war Euler in kurzer Zeit so hübsch aju-
stirt, wie ein Strasburger Petitmâtre. Er
eilte aus der Citadelle, und lief gerade nach
dem Haus des Commendanten, wo er seinen Freund noch zu treffen hoffte. Aber
dieser war weg. Der Commendant ließ ihn
vor sich kommen, und sagte zu ihm: der
Rittmeister Martial, mein künftiger Toch-
termann, ist vor einer halben Stunde nach
Metz abgegangen. Er kommt erst in acht Tagen wieder. Sie können ihn aber nicht erwarten: denn ob Sie gleich jetzt frey sind,
so dürfen Sie doch nicht in Strasburg bleiben; man weiß zu gut, was Sie gethan
haben, und Sie würden gewiß mit unserm
Militär Händel bekommen. Ich bitte Sie
also, die Stadt sogleich zu verlassen. Hier
hat

hat Ihnen der Rittmeister noch zehn Louisb or
zur Reise gegeben, die nehmen Sie, und ma»
chen Sie, daß Sie fortkommen.

Euler weinte bittere Thränen, daß er
seinem redlichen Freund nicht einmal danken
konnte, und schlich trübsinnig aus Stras»
burg nach Kehl zu. Hier setzte er sich auf
die Post, und kam bald wohlbehalten bey
seinem Curator, dem Pastor Streuber zu
Badenheim an. Dieser machte große Au»
gen, und konnte nicht begreifen, wo Euler,
den er längst für im Rhein ertrunken, oder
von Mördern erschlagen gehalten hatte, nun
wieder herkäme. Euler hütete sich, die
Wahrheit zu gestehen, und gab vor, er sey
in Strasburg mit einem spanischen Lord be»
kannt worden, der sey ganz ochsig gelehrt
gewesen, und habe ihn mit nach England
genommen; da sey der spanische Lord im
Duell erstochen worden. Darauf sey er mit
einem englischen Grande in genaue Bekannt»
schaft gerathen, und dieser habe ihm eine
Professur in Ochsenfurt verschaffen wollen, er
                                        würde

würde sie auch gewiß angenommen haben, denn die Profeſſur würde ihm wenigſtens tauſend Pfund Sperlinge eingebracht haben; aber, fuhr er fort, ich kriegte das Heimweh, und reiſte nach Deutſchland zurück, unterwegs beſah ich Rom, Conſtantinopel, Petersburg, Athen, Lacedämon, Alexandria und Berlin.

Ob Paſtor Streuber dieſe Aufſchneiderepen geglaubt habe, wiſſen wir nicht: aber er widerſprach doch nicht, und ſo bliebs denn dabey. Der Paſtor zahlte nun, verſteht ſich mit gutem Rabat, Eulern den Reſt ſeines Vermögens aus, und dieſer eilte nach Schilda zu ſeinem Minchen.

Neunzehntes Kapitel.
Aha, ſieht es ſo aus!

In Schilda fand Euler alles verändert: der Prinz Moritz hatte die im dritten Band der Annalen beſchriebene Reforme vorgenommen, und da waren denn alle Profeſſoren,

foren, also auch Herr Simon geschaßt worden, wie im besagten Werke mit Mehrerem
zu lesen ist.   Professor Simon war jedoch
angestellt worden, und hatte die Aufsicht über
die Branteweinbrennereyen erhalten; er verstand das Handwerk, und schickte sich zu einem Branteweinbrenner besser, als zu einem Professor.

Euler lief zu ihm.   Himmel, wie erschrak er, als Simon seinen großen Hund,
den Packan nach ihm hetzte, und ihn aus-
jagen wollte: aber Packan kannte Eulern
noch von Alters her, und griff nicht. Niederträchtiger, rief Simon, wie kannst Du
Dich noch unterfangen, mir unter die Augen zu kommen?   Geh', packe Dich, oder
ich lasse Dich durch die Brennknechte frischa-
cken, daß Dir das Fell rauchen soll.

Euler (höchst erschrocken).   Ey mein
Gott, Herr Professor, was hab ich denn
gethan?

Simon. Was Du gethan hast, Schlingel? Du führst erst ein honettes Mädchen
an,

an, dann läufst Du fort, bleibst ein Jahr weg, und das arme Thier hätte indessen in Angst und Kummer krepiren können.

Euler. Ach Gott, Minchen!

Simon. Ja wohl Minchen. Die hat ein Kind? und das von Ihnen, Herr. Beschimpft ist das Mädchen, wer wird es wieder ehrlich machen.

Euler. Das will ich, Herr Professor —

Simon. Ey was Professor! Ich bin Schnappsintendant, und praeterea nihil, verstehn Sie mich.

Euler. Nun wohl dann, Herr Schnappsintendant, ich komme hieher, um Minchen meine Hand anzubieten. Ich habe mein Vermögen mitgebracht.

Simon. Dann seyen Sie mir willkommen, lieber Herr Vetter. Das ist ja schön von Ihnen. Aber wo Teufels haben Sie denn so lange gesteckt? Wir haben wohl zwanzig Briefe an Sie geschrieben, aber alle

sind

ſind wieder zurückgekommen, weil Sie nicht
zu finden waren.

Euler erzählte nun ſein in Straßburg
gehabtes Malhör, und Simon verzieh ihm
nun von Grund der Seele. Kommen Sie
mit, ſagte er, wir müſſen Minchen tröſten,
die härmt ſich beynahe todt. Euler trat in
Minchens Stube; die ſaß blaß und entſtellt
da, ein kleines Mädchen auf dem Schooße
haltend. Als ſie Eulern erblickte, fiel ſie
mit einem Schrey vom Stuhl, und würde
dem Kinde gewiß Schaden gethan haben,
wenn ihr Simon nicht zu Hülfe gekommen
wäre. Euler ſtand da wie eine Bildſäule.
Aber bald war wieder alles im richtigen Gan-
ge, und die Verſöhnung von allen Seiten
her geſtiftet. Noch an ſelbigem Tag ließ ſich
Euler mit Minchen trauen und ſchwamm an
der Seite ſeiner lieben Gattin in einem Meer
von Seligkeiten.

Aber was war nun anzufangen? Euler war Magiſter, und folglich konnte er
Collegia leſen. Er ſchickte auch wirklich einen

Eulerkapper.   M   Zettel

Zettel an den Pedell, um es an das schwarze Bret zu heften; auf dem Zettel stand folgendes:

„Johann Heinrich Euler, der Philosophie Doctor, und der freyen Künste Magister, bietet folgende Lehrstunden an: I. von 8 — 9 früh, die Hebammenkunst, v. 9—10, die Kirchengeschichte, von 1 — 2, das Criminalrecht, von 2 — 3, die Kunst, Verse zu machen.“

Der Pedell trug den Zettel zum Prorector, und dieser lachte aus vollem Halse über die schnakische Zusammenstellung der Lectionen. „Sagen Sie nur dem Magister Euler, sagte er zum Pedellen, die Magister der alten Curation gälten bey uns nichts mehr: er könne keine Collegia lesen.“

Mit diesem Bescheid kam der Pedell zu unserm Euler, und brachte ihm seinen Zettel zurück.

Euler erschrak, doch faßte er sich: denn es fiel ihm ein, daß er ja in Gießen auch Collegia lesen könnte. Er schrieb daher an den

den Herrn Quodammodarius, Superinten=
tenden und Professor Primarius, folgenden
Brief.

Magnifice,

Hochwürdiger, in Gott Unbächtiger,
Hochzuverehrender Herr Doctor und Su=
perintendent!

Als ich hier in Schilda magistrirte,
und mit großem Pomp und Herrlichkeit pro=
movirt wurde, glaubte ich, die reine Lehre,
und die alte Ordnung würde hier unangeta=
stet bleiben. Aber seit jener Zeit haben sich
die Dinge gar sehr verändert: der neue Fürst
Moritz verfolgt die reine Lehre, giebt allen
Ketzern Freyheit, und hat alle rechtschaffne
Lehrer der hiesigen Universität geschaßt; statt
dieser alten rechtschaffnen Lehrer sind nun
bloß Neulinge, Neologen, Freygeister, Epi=
curäer und Egoisten angestellt, welche die
Welt verkehren. Ich selbst habe mir vor=
genommen, auszugehen aus Sodoma, und
mich auf eine Universität zu begeben, wo die
reine Lehre florirt.

M 2   Ob

Ob ich nun gleich in Gießen bin relegirt
werden, so geht doch die Relegation blaß
auf zwey Jahre, welche längst verflossen sind;
und dann war ja auch das Subjectum der
Relegation eine sehr geringe Sache. Ich
habe daher das feste Vertrauen auf die Güte
Ihrer Magnificenz — Hochwürden, daß
Hochdieselbe, als gegenwärtiger Rector Ma-
gnificus der lieben Universität Gießen, die Erlaubniß ertheilen werden, nicht nur wieder
nach Gießen zurück zu kommen, sondern auch
daselbst mit meinen erworbenen Talentis zu
wuchern, das heißt, Lehrstunden über alle
Theile der Gelehrsamkeit zu halten. Ich habe mich, ohne mich zu rühmen, in omni sci-
bili, das heißt, in allen Fächern der Wissenschaften rühmlichst umgesehen, und kann
Ew. Hochwürden Magnificenz versichern,
daß, wenn ich sollte in Gießen dociren, gewiß der lieben dasigen Universität ein nicht
geringer Vortheil zuwachsen dürfte.

Da Ew. Magnificenz vielleicht einige
Auslagen meinetwegen haben dürften, so
lege

lege ich hier zehn Carolins zur Bestreitung derselben bey.

Ich hoffe baldige geneigteste Antwort, und bin mit wahrer Hochachtung

Ew. Hochwürden Magnificenz

Schilba,   ganz gehorsamst unterthäniger
den 13ten August   M. Joh. Henr. Euler.

17.

Herr Quodammodarius schmunzelte bey dem Anblick der zehn Carolins, besorgte den Auftrag bey der philosophischen Facultät, und diese hatte gar nichts dagegen, daß ein Mann, welcher solche Briefe schrieb, wie der angeführte ist auf den Catheder treten sollte: denn die Herren hofften, daß er ihnen wenigstens gar nicht viel Abbruch thun würde.

Zwanzigstes Kapitel.
Der Magister legens

Euler kam nach Gießen, und kündig-
te sich daselbst mit einem Programma an,
wel-

welches die Ueberschrift führte: Methodo-
logia ſtudii Academici. Es war ein Ding
von ungefähr acht Bogen, und enthielt den
höchſten nur denkbaren Unſinn über das aka=
demiſche Studiren: denn Moſjeh Euler for=
derte lauter Unmöglichkeiten. Ich würde mei=
nen Leſern einige von ſeinen Rathſchlägen und
Anweiſungen mittheilen: da aber der Hr. Pro=
feſſor Schelling in Jena ſeine Methodologie,
welche in dieſem Jahr erſchienen iſt, gerade
nach Eulerſchen Grundſätzen geformt hat, ſo
mögen meine Leſer, wenn ſie ſonſt gerne fa=
den Obſcurantiſmus leſen, nur das Schel=
lingſche Werkchen zur Hand nehmen, um ſich
eine Vorſtellung von unſers Eulers Program=
ma und deſſen Inhalt zu machen.

Euler ſchlug an, eine allgemeine Ueber=
ſicht über alle Gelehrſamkeit zu geben, und
räſonnirte gleich in der erſten Stunde derge=
ſtalt ins Gelag hinein, daß die Studenten
ihn ausziſchten und austrommelten. Euler
hielt dieß Ziſchen und Trommeln für lauten
Beyfall, und dankte am Schluß der Stunde
ſeinen

seinen hochgeehrtesten Herren für ihr geneigtes Gehör. Nun erschallte ein lautes Gelächter; der Magister glaubte, man lache ihm zu Ehren, machte gar tiefe Bücklinge, und zog triumphirend auf seine Studierstube.

Ehe er anfing Collegia zu lesen, hatte er sich einen armen Studenten angenommen, der sein Famulus, oder sein Fiskal seyn sollte. Dieser Mensch hieß Acke, und war ein durchtriebener Vogel. Nach dem geendigten ersten Collegium fragte der Magister den Fiskal, wie den Herren sein Vortrag gefalle. „O vortrefflich, erwiederte dieser; werdens ja gemerkt haben an den fröhlichen Gesichtern, Herr Magister."

Euler. Ja wohl hab ich das. Aber ich möchte doch gern wissen, ob die Herren denn gar nichts auszusetzen haben.

Acke. Nicht das Geringste. Wollen Sie aber, so bescheide ich einige zu Ihnen, die sollens Ihnen selbst bestätigen.

Euler. O thun Sie doch das, lieber Acke, thun Sie 's doch noch heute.

Acke

Acke ging nach den Kneipen, beschied einen Haufen Studenten zum Magister Euler; Euler war höchst erfreut über den geneigten Zuspruch, und tractirte die Herren mit Caffee, Wein und Tabake wer aber so auftischt, beleidigt die Studenten zuverläßig nicht.

Alle lobten einmüthig die Gründlichkeit und die Schönheit des Vortrags des Herrn Magisters Dieß gaudirte unsern Mann bis in die Seele, wie es denn überhaupt ein gewaltiges Gaudium für einen Gelehrten ist, wenn man ihn und seine Producte, die schriftlichen oder die mündlichen rühmt; diese Schwachheit ist allen Gelehrten gemein.

Nachdem die Herren bis auf den Abend bei dem Magister geblieben waren, und sichs weidlich hatten schmecken lassen, nahmen sie Abschied, und brachten ihm noch denselben Abend ein Ständchen. Dieß vollendete seine Freude — und als der Aufführer das vivat hoch! erschallen ließ, wäre er beynahe, wie die Schwester der großen Leibniß, gestorben vor Freude.   Ste

Sie müssen Ihren Vortrag nun noch in etwas würzen, sagte den andern Tag früh Herr Acke zum Magister: müssen Späßchen, Schnurren und lustige Stückchen auch so mitunter von Hans und Gretel einfließen lassen. Das erhält den Zuhörer bey der Munterkeit, und ist ungemein geschickt, die schweren abstracten Lehren begreiflich zu machen.

Der Magister fand diesen Vorschlag vernünftig, und von nun an erzählte er Possen und riß Zoten im Collegium, daß man die Herren Auditores über zehn Häuser konnte gröhlen und wiehern hören. Von dieser Zeit an war täglich das Auditorium des Magisters dermaßen angefüllt, daß viele nicht sitzen konnten. Man nannte die Lehrstunde des Magisters — er las nur eine Stunde — das Jurcollegium, und die Professoren, welche in derselben Stunde lasen, hatten wenig oder gar keine Zuhörer.

Das erste halbe Jahr ging hin, aber Euler erhielt auch keinen Heller Honorarium. Ah, dachte er, aller Anfang ist schwer: es

wird

wird in Zukunft schon besser gehen. Er schlug die Logik an, und bekam wieder eine gewaltige Menge Zuhörer: denn in der Logik konnte er, wie ein gewisser Professor Juris in den Pandecten, alle seine Beyspiele aus dem Burschenleben und aus der Zoologie hernehmen, und dieß liebten die Studenten damals mehr, als den gründlichsten Vortrag.

Auch dieß halbe Jahr verging, und noch eins, ohne daß der Magister Euler einen Heller Honorarium bekommen hatte.

Endlich ward ihm das Ding doch zu toll: er schlug an, daß er die Metaphysik lehren wolle, aber nicht anders, als wenn ihm dreyßig Zuhörer pränumeriren würden. Siehe da, es kam keiner, und Meister Euler hätte den leeren Bänken lesen müssen, wenn er hätte wollen Lehrstunden halten.

Müßig gehn wollte er doch auch nicht, er entschloß sich also ein Buch zu schreiben, und zwar eine Uebersetzung der Psalmen in die Burschensprache. Der erste Psalm fing z. B.

z. B. also an:. Der Mann ist recht auf den
Strümpfen, der mit den Verschlissenen nicht
kränzianirt, der nicht herumlatscht mit malli-
ziösen Ströhmen, und mit den Stricken keinen Schmollis macht u. s. w. Leider konnte
er, nachdem das wichtige Werk vollendet war,
keinen Verleger dazu finden, und so war
denn auch die Hoffnung, ein hübsches Ho-
norar zu ziehen, in den Brunnen gefallen.
Schade ist es indessen doch, daß das Werkchen nicht erschienen ist: denn Trotz der Bil-
dung, welche ein gewisser Recensent den
Jünglingen unsrer Zeit zuschreibt, würden
sich doch Leser genug dazu finden.

Eulers Vermögen war bis auf tausend
Thaler herabgeschmolzen, und bald sah er
sich gezwungen, die bitterste Noth zu leiden,
wenn ihm nicht ein deus ex machina helfen
sollte. Seine Frau knurrte und schnurrte täglich: die Liebe zwischen beyden war längst er-
kaltet, und von Seiten der Frau Magistern
war Verachtung und Haß an die Stelle der
Achtung und der Liebe getreten. Denn die
Dame

Dame hatte zu Gießen gelernt, wo Barthel
Most holt, und sahe wohl ein, daß bloß die
Ungeschicklichkeit und die Dummheit ihres
Mannes Schuld war, daß es nicht besser
gehen wollte. Bittere Vorwürfe waren die
Folgen dieser Betrachtungen und dem ehr=
lichen Euler warb es oft so angst, daß er
hätte mögen davon laufen. Der Verfasser
dieser Schrift hat es oft schon erfahren, und
erfährt es leider fast noch täglich, was es
für ein verfluchtes Ding ist, von der Frau
geneckt, gequält und gepeinigt zu werden —
durch Klagen und Vorwürfe.

Ein und zwanzigstes Kapitel.
Eulerrapper.

Nulla calamitas sola, sagt ein altes
lateinisches Sprichwort, und das will auf
gut deutsch so viel sagen, der Teufel kommt
nie allein ins Haus, er hat immer noch ein
Anhängsel bey sich. So gings auch un=
serm Erler.

Auf

Auf der Oehlmühle bey Gießen saßen
einst die Brüder des Amicistenordens bey-
sammen und kommerschirten: indem trat ein
Kerl herein, welcher an seiner ganzen Figur
hinlänglich zeigte, daß er ein Halbmeister,
oder zu deutsch ein Schinderknecht sey. Meine Herren, sagte er, ich glaube, Sie sind
ohne Vorurtheile, und wage es daher, Sie
um eine Gabe anzusprechen. Auf der Reise
ist mir das Geld ausgegangen, und ich bin
blank, wie eine Kirchenmaus.

„Der Kerl spricht gut, sagten die Studenten, solche Kerle müssen wir haben. Komm
hieher Kalaber! kriegst Geld; da trink einmal. Aber erzähle uns auch von Deiner Lebensgeschichte etwas. "

Sehr gerne, erwiederte der Halbmeister. Sehn Sie meine Herren, ich bin meines Handwerks eigentlich ein Schornsteinfe-
ger, auch Feuermauerkehrer und Feuerzüpel
genannt; ich lief weit und breit herum, und
kam endlich nach Gießen, wo ich sogar ein
Quasivater eines jetzigen akademischen Leh-
rers

ters werden mußte, oder vielmehr gerne ward, weil man mir brav Geld gab. Hier erzählte der Kerl, welcher jener Rapper war, den wir schon aus den ersten Kapiteln dieser Geschichte kennen, den Hergang, wie wir ihn schon gelesen haben. Er habe sich nachher um sein Quasisöhnchen dann und wann erkundigt, weil er immer in der Nähe, in Gießen, Marburg, Homburg, Wetzlar und Friedberg conditionirt habe, und da habe er dessen Schicksale genau erfahren.

Was, schrien die Studenten, Kerl, ist das, was Du sagst, auch wahr?

„So wahr als Gott lebt!“

„Kerl, lügst Du, der Teufel soll Dich holen.“

„Er wirds deßwegen gewiß nicht: denn ich lüge nicht.“

„Kerl, wenns wahr ist, wir geben Dir zehn Thaler.“

„Dann hab' ich diese schon in der Tasche.“

„Kannst

„Kannst Du's denn beweisen?"

„Allerdings! Kommen Sie nur mit nach Kirchberg zum Pastor. Dort steht alles im Kirchenbuch."

„Allons nach Kirchberg, nach Kirchberg!"

Der Pastor zu Kirchberg wollte anfänglich das Kirchenbuch nicht aufschlagen: als sich aber Kapper zu dem Vater des Kindes von Jungfer Sibyllchen legitimirte, und versprach die Gebühren zu entrichten, schlug er das Kirchenbuch auf, und gab einen Taufschein, wodurch alles ins hellste Licht gesetzt wurde.

Jubelnd zogen nun die Studenten nach Gießen zurück, zahlten dem Kapper seine zehn Thaler, traktirten ihn stattlich, und behielten ihn die Nacht über bey sich. Den folgenden Tag schickte der Senior der Amicisten folgende Zeilen auf einen großen Bogen geschrieben an den Magister.

Wohl-

Wohlgeborner, Hochgelahrter Herr,
Hochzuverehrender Herr Magister.

Da eine ansehnliche Gesellschaft hiesiger
Studirenden Ew. Wohlgeboren eine über-
aus angenehme Nachricht zu bringen hat,
so ersuchen wir Dieselben, uns heute eine
Stunde zu bestimmen. wo wir die Ehre haben können, Ihnen unsre Aufwartung zu
machen. Wir verharren mit aller Hochachtung

Ew. Wohlgeboren

Gießen, den —   gehorsamste Diener,
Franz Friedrich Schläger,
im Namen der Gesellschaft.

Magister Euler gerieth in Erstase, als
er dieses Billet las: er schrieb sogleich an
Herrn Schläger zurück, daß es ihm ange-
nehm seyn würde, wenn die Herren ihn den
Nachmittag um zwey Uhr auf eine Tasse Kaffee beehren wollten.

Um zwey Uhr zogen nun dreyßig Studenten unter Herrn Schlägers Anführung in
des Magisters Wohnung, und hatten den
Halb-

Halbmeister Kapper in ihrer Mitten. Sie fanden den Herrn Magister und die Frau Magisterin in Gallakleidern in der Putzstube und die Tassen auf dem großen Tische aufgepflanzt. Nun begann Herr Schläger folgende Rede:

Hochzuverehrender Herr Magister und Frau Magisterin!

Durch den glücklichsten Zufall von der Welt, haben wir Dero Herrn Vater und Schwiegervater, den gegenwärtigen Herrn Kapper, Halbmeisterknecht, entdeckt. Wir nehmen uns die Freyheit, denselben Herrn Halbmeisterknecht Ihnen vorzustellen, und hoffen, daß Dieselben unsre Bemühungen als einen Beweis unsrer Hochachtung gegen Dieselben ansehen werden.

Lange Pause! Endlich hob der Magister an: Was, meine Herren, was sind Sie für Leute? Wollen Sie mich narren?

Kapper. Nicht doch, lieber Sohn, die Herren haben ganz Recht. Ich bin Dein Vater.

Euletkapper,   N   Magi

Magister. Der Teufel ist Er! Ein Hallunke ist Er, pack Er sich, oder ——

Kapper. Nun was denn? Sohn, versündige Dich nicht. Du bist mein Kind. Ich habe Dich gezeugt. Willkommen Frau Tochter!

Magisterin. Weg von mir, Niederträchtiger.

Kapper. Seyn Sie doch nicht so böse! Sie sind ja doch meine herzallerliebste Frau Tochter. Ach ich muß Sie küssen. (Die Magisterin stößt den alten Halbmeisterknecht wüthend wie eine Furie zurück; der Halbmeisterknecht fällt gegen den großen Tisch, dieser kippt um, Kaffee- und Milchkannen und Tassen nebst Zwieback und Bretzeln gehen da unter einander.)

Magister. Das soll Euch theuer zu stehen kommen. Wartet nur (ab.)

Magisterin. Verfluchtes Lumpengesindel! (ab)

Schläger. Hier ist für uns weiter nichts zu thun. Werden ja sehen, wie die Komödie ausgehen wird. (alle ab.)

Der

Der Magiſter lief ſpornſtreichs zum
Prorector, und erzählte ihm die gewaltige
Beſchimpfung, welche ihm war angethan
worden. Der Prorector fand die Beleidi-
gung einer zur Univerſität gehörigen Perſon
enorm, und beſchloß den folgenden Tag ein
General-Concilium zu halten. Dieß ging
vor ſich, und alle Studenten, welche an dem
Scandal Theil genommen hatten, wurden
vorgefordert. Sie erſchienen alle, und man
ſah' es ihnen am Geſicht an, daß ſie ſich
nicht fürchteten.

Die Seſſion nahm ihren Anfang, und
die Herren wurden hereingerufen. Sie leug-
neten auch kein Wort von dem ganzen Vorgang, und beriefen ſich darauf, daß ſie alles
haarklein beweiſen könnten. Die Herren
vom Concilium ſteckten die Köpfe zuſammen,
der Kanzler forderte die Beweiſe, und Schläger legte den Tauffchein des Paſtors von
Kirchberg vor. Die Herren erſtaunten, und
einige fingen an zu behaupten, hierunter müſſe durchaus ein falſum ſtecken.

N 2 Nun

Nun trat Herr Superintendent Quos=
dammodarius auf, und sagte: sein Gewis=
sen treibe ihn an, Gott die Ehre zu geben,
und zur Steuer der Wahrheit zu sagen, daß
die Herren Recht hätten, und daß der Halb=
meisterknecht, ehmaliger Schornsteinfegerge=
selle, allerdings der Herr Vater des Herrn
Magisters Euler sey. Euler habe seine Mut=
ter geheißen, aber er müsse eigentlich Kapper
heißen, da sein Vater so hieße.

Nun hätte man das Gelächter auf dem
akademischen Senat hören sollen! Gratulire
zur Acquisition einer Namensvermehrung,
Herr Magister, sagte ein junger Professor:
jetzt mögen Sie sich immer Eulerkapper
schreiben.

Der Senat ging auseinander und nie=
mand war mißvergnügt, als der Magister
Eulerkapper: denn von nun an wollen wir
ihm diesen Namen immer geben.

Zwey

Zwey und zwanzigstes Kapitel.
O Traurigkeit, o Herzeleid!

Längst wäre die Magisterin gerne schon ihren Mann los geworden, aber sie fand keine Ursache zur Ehescheidung: jetzt aber hatte sie eine sehr speciöse. Sie klagte nämlich ihren Mann an, daß er sie betrogen, und sich für das Kind rechtschaffner und honetter Eltern ausgegeben habe: er sey aber ein Bastard eines Schinderknechts, und mit so einem könne sie nicht hausen. Das Consistorium nahm diese Klage an, und da Herr Eulerkapper gar nichts dawider hatte, so wurden biyde geschieden. Minchen oder die Frau Magistern heirathete hierauf den Billardeur Frech, und machte durch ihr freyes Betragen, daß Frechs Haus vor allen andern besucht wurde.

Der Magister war jetzt in einer sehr übeln Lage: doch wenn die Noth am größten ist, so kommt oft Hülfe wenigstens doch einige Hoffnung. So gings auch jetzt. Der ehemalige Magister Aestas war Inspector einer

einer Landblöces geworden, und da eben eine
Pfarre vakant wurde, so schlug er den Ma=
gifter Eulerkapper dazu vor. Herr Quobam=
mobarius, der Superintendent leitete die Sa=
che so ein, daß Eulerkapper die Pfarre er=
hielt. Nun wäre Eulerkappers Glück gemacht
gewesen, wenn der böse Feind seine Hand
nicht im Spiel gehabt hätte.

Nach der Trennung von Minchen ließ
sich Eulerkapper durch die Tochter eines Gie=
ßer Häschers bedienen. Berauscht kam er
einst Abends nach Hause, und hatte vergeß=
sen, daß er keine Frau mehr hatte. Was
Wunder also, daß er die Jungfer Reppin
oder Häscherin für sein Minchen hielt, und
sie bat, mit ihm zu Bette zu gehen. Jungfer
Gretel machte keine Schwierigkeiten: viel=
leicht war sie derley schon gewohnt. Früh
merkte der Magister wohl, daß er sich in der
Person geirrt hatte: allein es war einmal
geschehen, und nach der richtigen Bemerkung
des großen Aristoteles können geschehene
Dinge in Ewigkeit nicht ungeschehen gemacht
wer=

werden. Er ließ es also gut seyn, und setzte seinen vertrauten Umgang mit Gretchen fort, bis diese endlich ihm die liebe Nachricht brachte, daß er bald Vater seyn würde.

Diese traurige Nachricht kam ihm grade acht Tage vorher zur Wissenschaft, als er ordinirt und auf seine Pfarre eingeführt werden sollte. Das war ein Donnerschlag, und in der Angst beging er den erzdummen Streich, daß er Gretchen zum Haus hinauswarf, und ihr drohte, er wolle ihr Hals und Beine brechen, wenn sie sich unterfangen würde, wieder über die Schwelle seiner Wohnung zu treten.

Gretchen lief zu ihrem Vater, dem Nepp: dieser wußte, wie seine Amtscollegen, die Neppe in allen Ländern, Bescheid in juristischen Vorfällen; sie sind ja die Engel der heiligen Justiz. „Ah, sprach er, da wollen wir schon Rath schaffen.“ Er lief sporenstreichs zu seinem Freund, dem Advocat Scherenschleifer, und dieser versprach seine Assistenz. Wem aber Scherenschleifer seine

Assistenz

Affiftenz verfprach, der hatte gewonnen, wenn er auch nur noch einen Schein des Rechts für fich hatte.

Jetzt kam unfer armer Eulerkapper recht in die Tinte! Er leugnete zwar, und offerirte fich in der Angft gar zum Eide: aber dazu konnte er nicht gelaffen werden, weil gar zu viel Wahrscheinlichkeiten gegen ihn waren; er verwickelte fich auch in feinen Reden, und mußte endlich geftehen, daß er wohl Vater zu Gretchens Kind feyn könnte. Dieß wollten ja die Herren nur haben: denn ein Geftändniß diefer Art macht allem Haber ein Ende. Nun kam es darauf an, daß er Gretchen ausftattete, ihr den Kranz bezahlte, und für das Kind forgte, oder daß er fie ehlichte.

Lange Zeit konnte der arme Teufel keinen Entschluß faffen, endlich aber dachte er, es fey doch beffer, er heirathete das Mädchen als daß er jährlich fo und fo viel hingeben müßte für nichts und wieder nichts, und denn doch keine Frau hätte: der Teufel näm-

nåmlich könnte ja nochmals seyn Spiel machen. Er heirathete also Gretchen.

Daß bey solchen Umständen an die
Pfarre nicht mehr zu denken war, versteht
sich von selbst, auch war in Zukunft im geistlichen Stande nichts mehr für ihn zu hoffen,
er hätte denn nach Amerika gehn müssen, wo
ein gewisser Pfarrer aus der Pfalz, welcher
in einem Jahre fünf Bauernmenscher ge-
schwängert hatte, doch noch einen geistlichen
Dienst erhalten hat. Ich würde den Menschen nennen, aber er könnte noch leben, und
mein Buch könnte — möglich wäre es doch,
so unwahrscheinlich es auch ist — nach Amerika sich verlaufen, und dort gelesen werden,
und die Amerikaner könnten intolerant seyn
— und — und — und —

In der gelehrten Welt hatte Eulerkap-
pee auch gar nichts zu hoffen: denn endlich
sah er selbst ein, daß er ein unwissender
Mensch war, dem es noch obendrein an der
zu einem Gelehrten nöthigen Fähigkeiten fehlte, daher gab er alle Hoffnung auf, wieder

auf

auf dem Schauplatz der Wiſſenſchaften mit
Ehre, wenigſtens mit Vortheil für ſich, auftreten zu können.

Sein Geld war noch nicht ganz alle, er
beſaß noch 600 Thaler, und damit lebte er
einige Jahre in der größten Dürftigkeit und
äußerſten Einſchränkung. Selten ging er
aus, um die Schuhe nicht abzunutzen, und
obgleich das Bier in Gießen auſſerordentlich
wohlfeil war, ſo trank Freund Eulerkapper
doch weiter nichts, als Koſent oder Waſſer.
Gretel ſeine Frau konnte dieſe Armſeligkeit
nicht ganz ertragen, ſie lag alſo täglich bey
ihren Eltern, wenn dieſe aßen oder Kaffee
tranken.

In dieſer erbärmlichen Lage wünſchte
ſich Freund Eulerkapper oft ins Gefängniß
nach Strasburg zurück: denn dort konnte er
doch wenigſtens ſatt Brodt eſſen; hätte er
nun aber ſich täglich in Brodt ſättigen wollen, ſo würde ſein Bißchen Geld bald alle
geworden ſeyn, und dem Ende dieſes kleinen
Schatzes ſah er mit Schrecken entgegen.

Drey

Drey und zwanzigstes Kapitel.
Studentenpatrocinium.

Alles aber währt nur seine Zeit, also auch das Elend und der Mangel. Eulerkapper ging eines Tages botisch, und brachte für ein Fräulein v. Gerstenthal einen Liebesbrief nach Grünberg an einen daselbst stehenden preußischen Werbofficier. Als er zurückging, kehrte er in einem Dörfchen ein, wo mehrere Studenten in der Schenke einen Papst machten.

Eulerkapper forderte ein Glas Bier für zwey Heller; „Ey was, rief ein Student, Bier für zwey Heller! Komm her, Mosseh, und trink quantum satis!“ Eulerkapper ließ sich diese Einladung nicht wiederholen, und trank, was das Zeug hielt.

„Der Kalaber kann gut ziehen. Wer bist Du?“

„Der Magister Euler.“

„Ah der Magister Eulerkapper? Nicht?“

„Je

Je nun, wenn die Herren so wollen: meinetwegen auch Eulerkapper."

„Na, Domine Magister, wie gehts denn, wie stehts?"

„Schofel, meine Herren; erbärmlich."

„Wie denn so?"

„Ach wenn man das nicht hat, quo negato natura dolet, dann wissen Sie ja wohl"

„Mein Seele, 's ist eine Schande, daß ein vir litoratus darben soll. Wo sind Sie gewesen, Herr Magister?"

„Hab einen Brief nach Grünberg getragen."

„Für Geld?"

„Ja. Ich verdiene heute drey Batzen."

„Teufel und Hölle, drey Batzen für einen Boten, der Magister ist. Hier Herr Magister, ist ein Thaler. Geben Sie den Brief her, den Sie zur Antwort bekommen haben."

Freu-

Freudig über den Thaler gab Eulerkap.
per den Brief hin, und unter währendem
Gelächter lasen sie folgendes:

Herzallerliebstes Röschen.

Morgen Abend werde ich gegen acht
Uhr im philosophischen Wäldchen seyn. Mache, liebes Kind, daß Du auch da bist. Du
kannst nicht glauben, wie ich nach Dir ver-
lange, seit jenen angenehmen Stunden, die
wir in Büseck auf dem Heuboden mit einander zubrachten, als Dein dummer Kerl von
Vater und Deine alte Gans von Mutter
glaubten, Du lägst bey der Pfarrjungfer im
Bette. Ja, da lag mein Reitknecht, und
ich lag mit meinem lieben Röschen auf'm
Heu. Es war zwar ein übeles Lager, indessen ging es doch. Im philosophischen
Wäldchen müssen wir ja gar auf dem bloßen
Rasen liegen: aber es soll schon gehen.
Wenn mich nur mein Röschen liebt, bin ich
schon geborgen. Mache ja, liebes Kind,
daß ich nicht lange auf Dich warten muß.
Lebe wohl mein Engel. Dein treuer

Zangen.

N. S.

N. S. Dem Eulerkapper hab ich sechs
Kreutzer gegeben: lege Du noch sechs
dazu, dann ist der Kerl bezahlt.

„Ah ein herrlicher Fund. Da Herr
Magister, ist noch ein Thaler.“ He da,
Rother, Rother.

Rother (der Wirth). Was woll'n's?

„Einen Boten nach Gießen.“

„Gleich.“

Der Bote kam: die Studenten schrieben einen Brief an den Herrn von Gerstenthal, und meldeten ihm, daß sie einen Brief
an seine Fräulein Tochter gefunden hätten,
welchen sie ihm hiemit übermachten, und als
diese noble Expedition verrichtet war, wurde
der Papst vollendet, worauf der Zug nach
Gießen zurückging.

Herr von Gerstenthal entsetzte sich fürchterlich, als er den Brief an seine Tochter las,
und schickte den Augenblick, nachdem er dem
Fräulein mit der Hetzpeitsche derb zugesprochen hatte, eine Ausforderung an den Herrn
von

von Zangen: aber Herr von Zangen zog sich
damit aus der Schlinge, daß er bey allen
Teufeln, und auf seine Ehre versicherte, er
habe den Brief nicht geschrieben, es sey eine
leere abscheuliche Erdichtung. Gerstenthal
war damit zufrieden, und bat sogar seine
Tochter um Verzeihung, daß er ihr mit der
Hetzpeitsche etwas unsanft zugesprochen hatte.

Eulerkapper hatte zwey Thaler so ganz
unverhofft erhalten, und glaubte, nun dürfe
er auch dem Genius indulgiren, oder auf
deutsch, sich etwas zu Gute thun. Er ging
daher den folgenden Sonntag nach Heuchel=
heim zu Biere: auf dem Rückweg begegnete
ihm der Lieutenant Zangen, und da er glaub=
te, durch ihn sey der Spektakel mit dem
Briefe entstanden, sprang er vom Pferde,
und gerbte den armen Teufel mit dem Degen
dergestalt durch, daß dieser auf der Erde lie=
gen blieb, und sich nach Hause schleppen las=
sen mußte.

Die Studenten erfuhren das ihrem
Protegé widerfahrne Unglück: sie besuchten
ihn,

ihn, unterstützten ihn mit Gelde, und sagten
ihm, daß sie ihm einen wöchentlichen Gehalt
aussetzen wollten, wenn er alle ihre Zusam=
menkünfte besuchen, und mit sich machen lass
sen würde, was sie für gut befänden. Eu=
lerkapper durch Kummer und Noth mürbe ge=
macht, ließ sich alles gefallen, und ward von
nun an der allgemeine Scherwenzel der Gie=
ßer Bursche. Bey allen Kommerschen war
er gegenwärtig, und mußte so lange pro poena saufen, bis er nicht mehr hören noch se=
hen konnte: jede Woche war er wenigstens
ein Mal Papst, und wenn eine lächerliche
Komödie gespielt werden sollte, war er ge=
wiß dabey. Den Namen Eulerkapper, oder
auch wohl schlechtweg Kapper ließ er sich ger=
ne gefallen, und ward nicht böse, wenn man
öffentlich Schindluder, wie man sagte, mit
ihm spielte. Waren die Studenten auf ei=
nem Dorfe lustig, so ließen sie erst ihren
Eulerkapper so lange trinken, bis er total
besoffen war, und dann färbten sie ihm das
Gesicht mit Kienruß schwarz: hierauf zogen
sie

sie in die Stadt zurück, und sangen hinter
ihm her:

> Schwarz bin ich;
> Die Schuld ist meine nicht.
> Die Schuld ist meiner Kindermagd,
> Die mich nicht weiß gewaschen hat.

> Liederlich bin ich;
> Die Schuld ist meine nicht.
> Die Schuld mag meines Vaters seyn,
> Der trinkt so gerne Brantewein.

Die Jungen aus ganz Gießen folgten jedes
Mal diesen Aufzügen, und die Philister und
Gnoten räsonnirten des Abends darüber bey
einem Trunk Bier.

Studenten haben die Gesinnung wie
alle andre gewöhnliche Menschen in der Welt,
sie thun und geben nicht gerne umsonst, und
wer ihren Schutz oder ihre Wohlthaten ge-
nießen will, muß sich alles von ihnen gefallen lassen, was ihnen einfällt, mit ihm zu
machen, und daher ist derjenige höchst unglücklich, welcher der Gnade der Studenten
leben muß. Große Herren despotisiren die-
jenigen auch gerne, die ganz von ihnen ab-

Eulenkapper.   O   hän-

hången; aber selten geht dieser Despotion
bis zur völligen Niederdrückung: aber dem
Verfasser sind Beyspiele bekannt, daß Studenten mit armen Geschöpfen, die sich nicht
anders helfen konnten, und sich, bloß um zu
leben, die infamste Behandlung gefallen lassen mußten, aufs fürchterlichste umgesprun-
gen sind, und sie bis zur Entehrung der
Menschheit selbst mißhandelt haben. Diese
Beyspiele sind aber, quod probe notan-
dum, nicht aus der neuen Zeit, sondern
schreiben sich aus jenen Jahren her, wo mehr
Rohheit und läppische Renommisterey den
Charakter des Akademikers ausmachte. Dank
sey es der innern Verbesserung der deutschen
Universitäten, welche sich aber wahrlich nicht
von den Anstalten der Curatorien, der akademischen Senate und der pro tempore Pro-
rectoren herschreibt, noch viel weniger durch
Carcer, Reppe, Relegationen, Consilia abs
eundi, Geldstrafen und andre Besserungsan-
stalten herschreibt; Dank, sag ich, sey es
der Besserung der Universitäten, welche der
ver-

verbefferte Geschmack und das verfeinerte Ge=
fühl der Jünglinge allein bewirkte, daß man
solche die Necker so sehr entehrende Fratzen
und Possen nicht mehr hört. Man verzeihe
mir diese kleine Ausschweifung; sie ist mir
wider meine Absicht entwischt: denn in die=
ser Geschichte sollte nichts stehen, als Erzäh=
lung, und keine Anmerkungen, weder ge=
lehrte, noch moralische. Es ist ja die Ge=
schichte des Eulerkappers.

Vier und zwanzigstes Kapitel.
Der Conrector.

Herr Inspector Aeftas kam einst nach
Gießen und logirte im Rappen. Er bemerk=
te, daß viele Studenten im Garten versam=
melt waren, und ging dahin, um wieder
einmal eine muntere Gesellschaft zu sehen.
Hier fand er auch den armen Eulerkapper,
welcher sich erst in Fuselschnapps betrunken,
und dann nach einem Dudelsack, gerade wie
ein Bär tanzen mußte, wobey er derbe Hiebe

von seinem Bärenführer, der ihn am Strick hatte, aufgezählt erhielt. Nachdem die Comödie mit dem Bärentanz zu Ende war, wurde Eulerkapper zum Papst gemacht, und als er nun da lag, und von allen seinen Sinnen nichts mehr wußte, ließen die Herren einige Soldaten rufen, welche ihn bey hellem Tage durch alle Straßen der Stadt tragen, und jedem der ihnen begegnete, zurufen mußten: „aus dem Wege, wir tragen ein fettes Mastschwein! "

Inspector Aeslas ärgerte sich über das unwürdige empörende Tractament, welches einem Menschen widerfuhr, dem er noch immer gewogen war: er beschloß, alles anzuwenden, um ihn aus den Klauen der Studenten zu retten, und ließ ihn den folgenden Tag zu sich kommen.

„Mein Gott, Herr Magister, sagte er zu ihm, wie ist es möglich, daß Sie sich so behandeln lassen? Wahrlich, die Leute gehn ja mit Ihnen um, als wenn Sie ein Hund wären.

Euler=

Eulerkapper. Lieber Himmel, Herr Inspector, was will ich thun? Der Hunger thut wehe!

Inspector. Freylich thut der Hunger wehe, aber ich dächte doch, solche Kränkungen thäten noch weher.

Eulerkapper. Leider! Aber was will ich machen! die Herren nähren mich —

Inspector. Das heißt, sie geben Ihnen zu essen, und auch vollauf zu saufen, vielleicht auch Geld zu Stiefeln und Kleidern: aber dafür sind Sie der allgemeine Hans, und müssen mit sich machen lassen, was sie wollen.

Eulerkapper (zuckt die Achsel). Leider, leider!

Inspector. Hören Sie, ich will Ihnen einen Vorschlag thun: die Conrectorstelle zu Bußbach ist vakant; sie trägt wenig ein, das ist wahr; aber ein sparsamer Mann kann doch dabey leben. Ich glaube, diese Ihnen verschaffen zu können. Wie meynen Sie?

Eulers

Eulerkapper. O, auf den Knien wollt'
ich Ihnen danken.

Inspector. Wollen sehen. — Indeß
haben Sie hier einiges Geld; ich kanns mif=
fen: aber das sage ich Ihnen, laffen Sie
sich nicht mehr von den Studenten mißbrau=
chen, sonst sind wir gute Freunde gewesen.
Ich kanns durchaus nicht leiden, daß ein
Mensch, und sey es auch der allergeringste, sich
so wegwerfe.

Der Inspector hielt Wort, und Eulers
kapper erhielt das Pöstchen eines Conrectors
zu Butzbach. Die Butzbacher, welche der
Verfaffer selbst kennt, sind kreutzbrave Leu=
te, wie denn überhaupt die Wetterauer eine
seelengute Art Menschen sind, einige Gast=
wirthe etwan ausgenommen, welche sich in
der Wetterau, so wie im Brandenburgischen,
im Saalkreise, in Pommern, in Schlesien
und ubique terrarum aufs Prellen verste=
hen: daher würde es Eulerkapper zu Butz=
bach recht gut gehabt haben, wenn er sich
nicht selbst lächerlich und verächtlich gemacht
hätte   Wie

Wir wissen, daß Eulerkapper blutwenig Schulkenntnisse gesammelt hatte: zu Butz= bach war zwar kein Mann nöthig, welcher den Homerus oder den Virgilius erklären, und über die Theorie der schönen Wissenschaf= ten Vorlesungen halten konnte; doch muß= te der Butzbacher Conrector decliniren und conjugiren können; er mußte einen lateini= schen freylich sehr leichten Autor verstehen, und die Jungen in den Anfangsgründen der Erdbeschreibung und der Geschichte unterrich= ten können. Eulerkapper war aber in allen diesen Stücken äußerst schlecht beschlagen. Den lateinischen Autor explicirte er mit Hül= fe eines alten Schmökers von Wörterbuch, worin häßliche Druckfehler vorkamen. Im lateinischen Buch fand sich das Wort tugu- rium; Eulerkapper, der nicht wußte, ob tu- gurium den Bürgermeister zu Schilda oder eine Gans bedeutete, schlug es nach, und fand Bärenhäuslein: der ungeschickte Ver= fasser hatte geschrieben Bauernhäuslein, der noch ungeschicktere Corrector hatte Bären=
häus=

häuslein daraus gemacht. Eulerkapper schrieb
sich das Wort auf, und als am andern Tag
in der Schule das tugurium vorkam, gab
es ein Schüler durch Hütte. Was, schrie
Eulerkapper, Hütte! Der Folgende! Auch
der Folgende gab es Hütte, oder schlechtes
Haus, und so bis auf den Untersten: denn
alle Schüler hatten richtigere Wörterbücher
als der Herr Conrector. Nun gerieth Eulerkapper in den Harnisch, und schrie: Ihr
Esel, ihr wißt den Henker: tugurium heißt
Bärenhäuslein, daß ihrs nur wißt: also
quieta mente redit in tugurium suum
heißt: er (der Philosoph, oder der Magister
Philosophiä, welches einerley ist,) kehrte
mit ruhigem Gemüth zurück in sein Bärenhäuslein. Schaut, ihr Büffel, so muß diese schwere Stelle übersetzt werden. Die Jungen lachten ihm ins Angesicht, und Eulerkapper ward über diese Impertinenz so böse,
daß er den Stock nahm und jedem Lacher
einige Hiebe aufwarf, wobey er unaufhörlich schrie: „tugurium heißt Bärenhäuslein,
Bärenhäuslein heißt tugurium."

So

So sehr auch Eulerkapper unter den
Jungen herumhieb, konnte er doch das La=
chen nicht stillen: denn der Accent, den er
auf das Lieblingswort „Bärenhäuslein "
legte, mußte auch den ernsthaftesten Mann,
geschweige denn Jungen, zum Lachen zwin=
gen. Eulerkapper gerieth in den heftigsten
Zorn, und schlug so blind darein, daß er ei=
nige Jungen blutrünstig machte. Darüber
wurden die großen Jungen aufrührisch,
griffen den Magister an, und zerzauseten ihn
dergestalt, daß er wie eine Haareule aus=
sah, und in dieser traurig=lächerlichen Ge=
stalt, den weitern Ausbruch der rebellischen
Jungen fürchtend, auf die Straße eilte,
und beym Nachbar Schutz suchte. Der Nach=
bar hatte eben Schweine geschlachtet, und das
Blut stand in einem irdenen Topfe auf dem
Hausflur: Eulerkapper bemerkte den Blut=
topf nicht, stolperte darüber, fiel, zerbrach
den Topf, und besudelte sich von oben bis un=
ten. Der Nachbar, Meister Flink, ein
grober Kerl, welcher hinzukam, und das
Blut

Blut von den Schweinen, wovon er sich so
viele herrliche Blutwürste versprach, vergof-
fen sah, ergrimmte gar mächtig, und warf
den Magister, ohne sich einmal die Mühe zu
nehmen, nachzusehen, wer er eigentlich war,
zur Hausthür hinaus auf die Straße. Eulerkapper getraute sich nicht zurück in sein
Haus zu gehen, und eilte in den nächsten
Gasthof. Hier war die Wirthin allein, und
als sie den über und über besonders im Gesicht mit Blut besudelten Magister erblickte,
verriegelte sie ihre Stubenthüre, und schrie
„Mörder! Diebe!“ zum Fenster hinaus.
Die Nachbarn kamen nun herbey, erschraken
hoch über die fürchterliche Figur des Gespen-
stes, und blieben theils wie Bildsäulen stehen, theils ergriffen sie die Flucht: doch
griffen endlich einige rüstige Bursche zu, nahmen ihn beym Flügel, und führten ihn trotz
allen Remonstrationen aufs Rathhaus, wo
gerade die Eltern der vom Eulerkapper blu-
tig geschlagenen Jungen klagbar eingekom-
men waren.

. „Wie

„Wir haben hier einen Mörder, sag=
ten die rüstigen Bursche, welcher noch vom
Blut der Ermordeten trieft. "

„Ey was, erwiederten die hochweisen
Herren des Magistrats! wir haben jetzt kei=
ne Zeit, den Kerl vorzunehmen: legt ihm
Ketten an, und schmeißt ihn ins tiefe Petz=
loch *), morgen mag er verhört werden.
Continuetur protocollum: die Feder zur
Hand, Herr Stadtschreiber. "

Eulerkapper wurde abgeführt, und mit
schweren Ketten belegt: er wollte zu wieder=
holten Malen reden, aber die Neppe schlu=
gen ihn, so oft er das Maul aufthat, der=
maßen darauf, daß ihm alle Lust verging,
auch nur das Geringste zu seiner Vertheidi=
gung vorzubringen. Nun brachten ihn die
mächtigen Adjubanten der Bußbacher Justiz
in einen finstern Kerker, worin ehedem zu
Zeiten der Hexenprocesse die Hexenmeister
und Hexen pflegten eingesperrt zu werden,
legten ihm zwey Pfund Brodt neben einem
Wasser=

*) Starkes, wohlverwahrtes Gefängniß.

Wasserkrug hin, und verschlossen die Thür
aufs Beste.

Indessen hatten die Herren das Protocoll in Hinsicht der wegen des Bärenhäus-
leins entstandnen Klage beendigt, und beor-
derten einen Gerichtsdiener, den Herrn Conrector vorzufordern, weil es schiene, daß in
Sachen, wobey Blut geflossen war, kein
Verzug zuläßig sey. Der Gerichtsdiener fand
die Frau Conrectorin in der größten Angst:
denn diese hatte das Scandal auch vernom-
men, und ihren Mann in der ganzen Stadt
aufsuchen lassen, aber durchaus vergebens:
er war nirgends zu finden.

Mosjeh Nepp, welcher die Aufsicht
über das Gefängniß hatte, ließ sichs gar
nicht einfallen, daß der bey ihm einquartierte
Gast der Herr Conrector seyn könnte, und
noch weniger ließen sich das die Herren vom
Magistrat einfallen: also mußte Freund Eulerkapper richtig die Nacht durch aushalten.
Auch hier wünschte er sich wieder auf die Citadelle nach Straßburg zurück: denn dort
war

war er doch nicht so zusammengeschlossen, und
lag nicht in solch tiefem Loch, als in dem
Landstädtchen Butzbach, wo oft die Anstalten, Gefangne fest zu halten und zu quä-
len, viel consequenter getroffen sind, als in
großen Städten.

Indessen ließen die Herren vom Rathhaus den Conrector aufsuchen, und schickten
sogar nach den nächsten Dorfschenken, wo er
sonst auszuspannen pflegte; aber keine Seele
hatte ihn gesehen, niemand hatte ein Wort
von ihm gehört. „Er wird schon wieder
kommen, sagten die Herren; und kommt er
nicht, je nun, so komme ein gutes Jahr!"
Dieß war vernünftig gesprochen.

Früh des folgenden Tags um acht Uhr
fünf und vierzig Minuten, versammelten sich
die Herren wieder auf dem Rathhause, und
ließen den in Ketten und Banden sitzenden
vermeintlichen Mörder herbeyholen. Eulerkapper, dem man aber doch die Schellen von
den Händen nicht abnahm, wurde in die Ge-
richtsstube gebracht, wo die gestrengen Herren saßen. Hie-

Hieher den Gefangnen, sprach Herr
Heß, der Oberrichter! daß man ihn sehen und
hören kann. Ja, ja, es ist richtig — es
ist ein Mörder. Hört elender Mörder, Bö=
sewicht, wie heißt Ihr?

Eulerkapper hatte auf dem nassen Stroh
und in dem kalten Behältniß seine Stimme
verloren, und war völlig heischer geworden.
Mit pfeifendem Ton erwiederte er also: ich
heiße Johann Heinrich Eulerkapper.

Richter. Wie heißt Ihr?

Eulerkapper. Johann Heinrich Euler.

Richter (zu den Andern). So heißt
ja auch unser Herr Conrector. Je nun —
Namen sind Namen. Wer seyd Ihr?

Eulerkapper. Ich bin ja der hiesige
Conrector Eulerkapper.

Richter. Was, der Conrector Euler=
kapper? Das kann nicht seyn. Ihr seyd ja
ein Mörder, und der Conrector ist ein ehr=
licher Mann.

Eulerkapper. Ich bin auch ein ehrli=
cher Mann: ich bin der Conrector.

Rich=

Richter. Ihr seht aber aus, wie einer der vom lichten Galgen gefallen ist.

Eulerkapper. Das macht das Blut an meinem Kleibe, und in meinem Gesicht.

Richter. He da Nepp, wischt dem Kerl das Blut aus dem Gesichte!

Nepp. Gleich, gleich, gestrenger Herr Stadtrichter.

Freund Nepp lief, und holte einen Kübel voll Wasser, nebst einem allmächtigen Strohwisch, und fing an Eulerkappern das Gesicht zu scheuern, daß dieser Zeter Mordio zu schreyen anfing. Aber der Nepp hörte nicht auf, zuzufahren, bis endlich das Schweineblut weg war, und die Physiognomie des Herrn Conrectors wieder gesehen werden konnte.

Fünf und zwanzigstes Kapitel.
Decenzfragen.

Nun rissen die Herren die Augen auf, und gafften mit aufgesperrtem Maule, gera-

be

de, wie ein Tiſch voll Auſcultatoren, welchen
der Stadtrichter oder der Amtmann verſi=
chert, daß ſie unwiſſende Bengel wären: ſie
guckten den Herrn Conrector ſtier an, und
erſt lange darauf rieben ſie ſich die Augen,
um doch ſich recht zu überzeugen, daß es
auch gewiß wäre.

Dieſe Ueberzeugung mußte nothwendig
erfolgen, und nun forderte der Herr Stadt=
richter pflichtmäßigen Bericht von dem gan=
zen Vorfall. „Je mein Gott, ſagte Eulers
kapper, nehmen Sie mir doch erſt die Ket=
ten ab!“

Kann noch nicht ſeyn, Herr Conrector,
ſagte der Stadtrichter: Sie ſind als Mör=
der angeklagt, und als ein ſolcher geſchloſſen
worden. Noch ſind Sie nicht disculpirt, und
per conſequens würde es gegen decentiam
forenſem ſeyn, Sie ſchon loszuſchließen.
Rechtfertigen Sie ſich erſt.

Eulerkapper erzählte den Vorfall haar=
klein, und die Herren fanden ihn nun auch
hinlänglich gerechtfertigt; die Ketten wur=
den

ben ihm abgenommen, und er erhielt Erlaub=
niß nach Hause zu gehen. Freudig, den Ort
der Qual, wollte sagen; den Siß der Ge=
rechtigkeit verlassen zu können, eilte der Con=
rector aus dem Rathhaus, und vergaß, wie
er aussah. Die Jungen auf der Straße
welche den seltsamen Aufzug des Conrectors
sahen, verfolgten ihn bis an seine Wohnung,
und schrien unaufhörlich hinter ihm her: ver=
laufener Schinderknecht, verlaufener Zigeu=
ner! — Die Freude, befreiet zu seyn, ließ
Eulerkappern den Lärmen der Jungen nicht
bemerken, aber die Frau Conrectorin guckte
zum Fenster heraus, und man kann sich die
Freude vorstellen, welche sie bey dem An=
blick ihres lieben Männchens empfunden ha=
ben mag.

Wie eine Furie lief sie die Treppe her=
ab und zur Hausthüre hinaus. „Kerl, sag=
te sie, bist Du denn gar des Teufels? Was
zur Schwerenoth hast denn Du gemacht?
Alter Saufaus! hat gewiß sich mit Gnoten
herumgeprügelt; ist über und über voll

Eulerkapper.   P   Bluf.

Blut. " Eulerkapper, seiner Unschuld sich
bewußt, und noch aufgebracht über das un=
würdige Tractament, welches ihm an hoher
Gerichtsstelle widerfahren war, widersprach
seiner Frau etwas unsanft; diese antwortete
noch unsanfter, und als Eulerkapper gar die
Hand aufhob, und Miene machte, als woll=
te er ihr so etwas um die Ohren geben, fiel
sie ihm in die Haare: Eulerkapper auf ein=
mal seiner Herrschaft eingedenk, widersetzte
sich kräftiglich, und beyde fielen kämpfend
auf die Erde, wo sie sich im Koth dermaßen
herumwälzten, daß Mosjeh und Madame in
Rücksicht des Exterieurs einander vollkom=
men ähnlich sahen. Endlich kam Nachbar
Hau, der Fleischer, und brachte die Strei=
tenden auseinander, und diese zogen sich, er
der Herr Conrector brummend wie ein Bär,
sie aber, die Frau Conrectorin kreischend wie
ein geprügelter Pudel, in Haus zurück.

Unter den Vätern der von Eulerkappern
blutrünstig geschlagenen Schülern, war auch
Herr Heß, der Bürgermeister selbst. Dieser
hielt

hielt sich in seinem Söhnchen selbst beleidigt, und seine Bürgermeisterseele forderte Rache. Genugthuung, welche darin bestanden hätte, daß dem Conrector ein derber Verweis gegeben worden wäre, war seiner Herrlichkeit nicht hinreichend, er drang also nicht darauf, sondern legte bey der ersten Session dem hochlöblichen Corpus folgende Fragen vor.

Pro primo: Ob es der ansehnlichen Schule zu Butzbach in der Wetterau, welche schon seit den Zeiten Philipps des Großmüthigen, Landgrafens zu Hessen 2c. mit allem Ruhme subsistirt habe, nicht zur Unehre und großem Nachtheil gereiche, daß der Conrector, nota bene, durch eignes Verschulden, in gefängliche Haft gekommen, und mit Ketten und Schellen belegt worden sey?

Pro secundo: Ob ein Mann, welcher, durch eine mit seiner Frau auf der Straße verübte Katzbalgerey, ein öffentliches großes Aergerniß gegeben habe, fernerhin mit Nutzen die Schule versehen könne?

P 2   Die

Die Herren ließen die Fragen des Bür, germeisters zu Protocoll nehmen, und fingen an, darüber zu deliberiren. Lange währten die Debatten, endlich aber fiel die Sentenz dahin aus, daß der Conrector auf ein Vier, teljahr solle suspendirt werden: statt seiner sollte der Candidat Anacker einstweilen die Schule versehen.

Eulerkapper erschrak als er dieses ge, strenge Senatusconsultum las; doch würde er sich gefügt haben: denn so dumm er auch war, sahe er doch ein, daß er diese Strafe wohl verdient habe: aber seine Frau spuckte Feuer und Flammen, und rennte flugs nach Gießen, wo sie sich eine Schrift machen ließ, in welcher sie den Magistrat zu Butzbach bey der Regierung verklagte. Die Regierung trug die Sache dem Consistorium auf es wurden Untersuchungen angestellt, und das Ende vom Liede war, daß Freund Euler, kapper völlig cassirt wurde.

Was war nun anzufangen? In But, bach durfte der Ehrenmann sich nicht mehr öffent,

öffentlich sehen lassen: ohne die Jungen in
Schaaren hinter sich her zu haben, welche
ihm stets nachschrien und nachlachten. Er
verließ daher Bußbach, und kehrte nach Gießen zurück, wo er sein altes Logis bezog, und
anfing, Hefte für Studenten abzuschreiben,
um sich etwas zu verdienen: denn schon damals gab es viele, welche sich die auf dem
Catheder vorgeorgelte Weisheit von Andern
abschreiben ließen, weil sie zu faul waren,
es selbst zu thun, und dennoch in dem leider
noch sehr allgemeinen Wahn standen, es sey
ein nothwendiges Regulsitum bey einem Gelehrten, Hefte zu besitzen.

Die Studenten zu Gießen waren noch
immer die alten Wüstlinge, wie einige Jahre vorher, als Eulerkapper mit ihnen con-
versirte. Jene zwar, welche den guten Kerl
so oft zum Papst und zum Prinz von Thoren *) gemacht, und sonst auf das Allerun-
würdigste behandelt hatten, waren freylich
längst abgezogen, und bekleideten jetzt in ih=
rem

*) Eine eigne Art, sich singend zu betrinken.

rem Vaterlande geiftliche und weltliche Aemter, Andre trugen die Muskete und noch Andre waren an den Folgen der akademischen
Diät gar gestorben. Aber die agirenden Personen hatten sich nur verändert, nicht aber
das Schauspiel selbst, und so ward Eulers-
kapper bald wieder der Gegenstand des stu-
dentischen Muthwillens. Sie kannten seinen
Hang zum Branntwein und zum Bier: daher wurde er wieder zu allen Kommerschen
und andern Gelagen dieser Art eingeladen,
und jedes Mal nach den schändlichsten Miß-
handlungen nach Hause geschickt. Eulerkapper aber, welcher ohnehin kein zartes Gefühl
hatte, und welcher nun das Bißchen Scham
noch durch lange Uebung vollends verloren
hatte, setzte sich über alles weg, und befand
sich wohl dabey: was er mit Schreiben ver-
diente, bekam seine Frau, und sein Maul
brachte er unter den Studenten durch, bey
welchen er frühstückte, das Mittags = und
Abendbrodt aß und so seinen lieben Bauch
weidlich pflegte.

Sechs

Sechs und zwanzigstes Kapitel.
Glück über Glück.

Der Herr Bürgermeister Rumpf zu
Gießen, ein Mann dem es jeder am Bauch
ansehen konnte, daß dieser sein Gott war,
kam eines Abends von einem Hochzeitschmau-
se, wo er noch etwas mehr getrunken hatte,
als er sonst zu thun täglich gewohnt war:
denn er hatte sich nicht nur heroisch getrunken, sondern um alle seine Sinne gebracht.
So taumelte er denn wie ein Nachtwandler
fort, und fiel gerade vor Eulerkappers Thüre
in den Schnee. Zum Glück kam Eulerkapper eben von einem Kommersch aus dem
Rappen: es war um zwölf Uhr des Nachts,
und niemand mehr auf der Straße. Ohne
Hülfe war der Bürgermeister verloren: denn
es war mortalisch kalt; aber Eulerkapper
war sein Schutzengel. Ob er gleich selbst
im Kopfe sehr heroisch war, erkannte er doch
beym Mondenschein den Herrn Bürgermeister
Rumpf an dessen dickem Bauche, und beschloß
zu helfen. Schnell rief er seiner Frau, und
beyde

beyde schleppten den völlig finnlosen Bürgermeister in die warme Stube: die Frau Eulerkappern kochte Thee, und nachdem der
Hochweise einige Tassen hinein hatte, fing er
an, den Wein, den Braten, die Fische, die
Krebse, kurz alles, was er auf dem Hochzeit-
schmause zu sich genommen hatte, wieder zu
extrabiren, wodurch denn Eulerkappers Zimmer ein gar liebliches Ansehn bekam, auch
aufs angenehmste parfumirt wurde.

Die Frau Magisterin rabotirte da etwas von Schweinigeln, aber der Herr Magister belehrte sie, daß ein hochweiser Bürgermeister ja doch kein Schweinigel seyn könne; übrigens aber müsse man die ganze Sache dahin gestellt seyn lassen, da der Herr
gewiß die Kosten der Reinigung gut bezahlen, auch für die gehabte Bemühung noch
etwas zulegen würde. Diese gegründeten Vorstellungen beruhigten die Frau Magisterin
vollkommen, und sie gab sogar zu, daß der
Bürgermeister in ihr Bett gelegt wurde, indeß sie und ihr lieber Mann den übrigen kurzen Theil der Nacht auf Stühlen zubrachten.

Früh

Frü gegen neun Uhr erwachte der Hochweise, und wunderte sich sehr, sich in einem schlechten Zimmer in einem elenden Bette zu befinden: denn seine Zimmer zu Hause, und seine Betten waren eines Gießer Bürgermeisters vollkommen würdig.

Eulerkapper trat nun, als er merkte, daß der Herr erwacht war, vors Bette: Schönen guten Morgen, Ihro Hochweisheit: haben Dieselben wohl geruhet?

Bürgermeister (sich die Augen reibend). Ih, bon joar, Herr Magister! Mein Gott, wo bin ich denn?

Eulerkapper. Ja Ihres gehorsamsten Dieners Behausung.

Bürgermeister. Wie bin ich denn hieher gekommen?

Eulerkapper erzählte nun mit aller nur möglichen Schonung die ganze scandalöse Historie.

„Hm, hm, sagte der Burgermeister, indem er aus dem Bette aufstand, das ist ja ein verfluchter Streich!“   Euler-

Eulerkapper. Was hat denn das zu bedeuten, Ihro Hochweisheit?

Bürgermeister. Der verdammte Burgunder!

Eulerkapper. Ih nun, das paſſirt ja einem ehrlichen Mann wohl öfter. Mir gehts ja ſelbſt mitunter ſo.

Bürgermeister. Das iſt ein anders. Sie ſind ein Privatus: aber ich, ein Mann in einem öffentlichen, ja im erſten Amte der Stadt!

Eulerkapper. Es weiß ja kein Chriſtenmenſch von der Sache.

Bürgermeister (heiter). Das iſt auch noch das Beſte. Aber wirds auch niemand erfahren?

Eulerkapper. So wahr Gott lebt, ich bin ſtumm, wie ein Müllereſel.

Bürgermeister. Aber die Frau Magiſterin! die Weibsleute ſind ein wenig plapperig.

Magiſterin. Ey ſeht doch, Ihro Hochweisheit, für wen halten mich denn Dieſelben?

ben? Mein Vater war ein Nepp, und da
hab ich Manches gesehen und gehört, aber
der soll aufstehen, der da sagen kann, ich
hätte ihm ein stummes Wörtchen gesagt.

Bürgermeister. Bon, bon, ich will
Ihnen trauen. Hier haben Sie für Ihre
freundschaftliche Bemühung (giebt zwey
Goldstücke hin). Ich werde noch weiter er=
kenntlich seyn. Guten Morgen!

Magisterin. Schönen guten Morgen,
Ihro Hochweisheit; wünsch' wohl nach Hau=
se zu kommen. Mein gehorsamstes Empfehl
zu Hause an die Frau Liebste und an die
Mamsell Tochter!

Der Bürgermeister ging gerade vom
Eulerkapper aufs Rathhaus: denn es schlug
eilf Uhr, setzte sich nieder, und schlief ein;
denn er war noch müde. Man weckte ihn
auf, und fragte, wie die Mädchenschule be=
setzt werden sollte, deren Lehrer abgegangen
war. Ha, dachte der Bürgermeister, hier
kannst du den guten Eulerkapper anbringen,
und perorirte folgender Maßen:

Meine

Meine Herren, da ist der arme Magister Eulerkapper; der Mann hat hübsche Studia, und wäre gar wohl eines bessern Schicksals würdig: meine Meynung wäre, wir gäben ihm das erledigte Pöstchen. Er wirds schon ordentlich verwalten.

Ist nun, erwiederten die Herren, wie Ihro Hochweisheit denken und dafür halten, so ists uns auch recht. Man muß wissen, daß keiner von den Herren einen Clienten in petto hatte, denn sonst wäre die Sache gewiß zu Debatten gekommen. Das Decret wurde sofort ausgefertigt, und dem Eulerkapper zugeschickt. Dieser gerieth vor Freuden ausser sich, und hieß von dem Tage an Herr Migister und seine Ehehülfte Frau Migisterin: denn, wie schon erinnert werden ist, in Gießen heißen die deutschen Schulmeister Migister, im Gegensatz der Lehrer am Pädagogium, sonst Pljoh genannt, welche Magister heißen

Der Bürgermeister blieb nicht bey dieser einzigen Gnusstgnade stehen; er wollte

einmal

einmal den Eulerkapper heben, und sich gegen ihn dankbar erweisen. Als daher die
Stelle eines Klingelsackströgers in der Pan-
cratiuskirche aufging, verschaffte er ihm dieselbe auch, ja er sorgte sogar dafür, daß
Herr Eulerkapper Leser im Zuchthaus wurde,
und die Erlaubniß erhielt, nicht nur aus einer Postille den Züchtlingen Gottes Wort her-
zuleiern, sondern auch seinen eignen Senf
ihnen aufzutischen. Jetzt war Eulerkapper,
wie man sagt, recht in der Wolle: als Mädchenschulmeister erhielt er 150 Gulden, drei-
ßig trug ihm der Klingelsack, und funfzig
das Zuchthaus ein. Was wollte er weiter?
So gut hatte er sich ja nicht einmal als Conrector in Butzbach gestanden.

Sieben und zwanzigstes Kapitel.
Verfolgung.

Eulerkapper schrieb nun keine Hefte
mehr, und kam nicht mehr in die Studenten-
gelage. Dieß befremdete die Herren, sie
spür-

spürten der Ursache nach, und fanden, daß
der Grund dieser Zurückhaltung von Seiten
des Magisters in dessen verbesserten Umstän=
den lag. Aha, sagten sie, lautet das Ding
so? Unsre Scandale waren dem Bucker gut
genug, da er noch pauvre war, wie eine
Kirchenmaus, jetzt da er sich besser steht,
verachtet er uns. Aber ward, Bürschchen,
wir wollen dirs anstreichen.

Wenn Studenten sich einmal im
Ernste vorgenommen haben, einem etwas
anzustreichen, so streichen sie es ihm ganz ge=
wiß an: es würde ihnen ja zum Schimpfe
gereichen, einen so edlen Vorsatz gefaßt zu
haben, ohne ihn auszuführen. Die Gele=
genheit der Anstreicherey beym Eulerkapper
fänd sich bald. Er wohnte an dem en=
gen Wagengäßchen, in welches eins seiner
Putzstubenfenster ging. In eben dieses Wa=
gengäßchen ging das Kammerfenster eines
Studenten. Dieser bemerkte einst, daß Eu=
lerkappers Putzstubenfenster offen stand, und
schnell fuhr ihm ein Gedanke durch den Kopf,

der

der seiner Erpfindungskraft Ehre machte. Er
band seinen Nachttopf an eine lange Stan=
ge, füllte ihn mit Unrath verschiedner Art,
und transportirte diesen in die Puhstube des
Eulerkappers, nnd zwar zu wiederholten Ma=
len. Freund Eulerkapper war mit seiner Fa=
milie in der Kirche, und erschrak nicht wenig,
als er bey seiner Zuhausekunft sein Puhzim=
mer so fürchterlich zugerichtet fand. Natür=
lich fiel er auf den gegenüber wohnenden
Studenten, daß dieser der Urheber der Un=
fläterey sey, und verklagte ihn beym Re=
ctor. Der Rector, ein jovialischer Mann,
lachte sich halb krank über den schnurrigen
Einfall, einen Nachttopf in ein fremdes Puh=
zimmer auszuleeren; doch ließ er den Stu=
denten citiren, und befragte ihn. Dieser
leugnete, das Spectakel gemacht zu haben;
es müßte einer seiner Freunde auf seiner
Stube in seiner Abwesenheit gewesen seyn.
Der Rector war mit dieser Entschuldi=
gung zufrieden, wies den Eulerkapper ab,
und gab ihm den Rath, in Zukunft sein Fen=
ster hübsch zuzuhalten.

In=

Indeſſen war der Juy von dem in Cu⸗
lerkappers Pußſtube gegoſſnen Nachttopf un⸗
ter allen Burſchen bekannt geworden, und
jeder applaudirte, jeder wünſchte, daß die
Comödie möchte wiederholt werden, jeder
wollte dazu helfen. Man drang von allen
Seiten her in Herrn Schacht, ſo hieß der
Studioſus quaeſtionis, daß er zu dem appe⸗
titlichen Schauſpiel Anſtalt machen ſollte, und
Schacht ließ ſichs gefallen. Er lud den näch⸗
ſten Sonntag über dreyßig Bekannte zu ſich,
und als Culerkapper mit ſeinen Leuten zur
Kirche gegangen war, wurde das Fenſter
erſt mit der Stange eingeſtoßen, und her⸗
nach ungefähr zwanzig Ladungen hinüber
transportirt.

Dießmal half keine Entſchuldigung,
und ſo froh der Rector war, daß ſich wie⸗
der ein ſolcher Spaß ſe Rectore zugetra⸗
gen hatte, mußte doch Schacht aufs Car⸗
cer, und einen Gulden für das zerbrochene
Fenſter und für die Reinigung des Culer⸗
kapperſchen Pußzimmers hergeben.   Nun
                                      ward

ward die Burschenschaft wüthend. Was,
sagten die Herren, der verfluchte Kerl, der
sonst mit uns fraß und soff, der sonst uns
das Geld zu Kreuzern abbettelte, der sonst
froh war, wenn wir ihn zum Papst oder zum
Fürsten von Thoren machten, der gerne zwanzig Gläser hintereinander pro poena soff,
wenn ers nur umsonst haben konnte; ein
solcher verdammter Kerl will uns futtiren,
und brave Bursche auf den Mist bringen,
daß sie zur Cacdanopolis müssen sitzen! So
ein infamer Kerl! pereat!

Se rasonnirten die Herren, und hielten ein besonderes Parlament im Rappen,
wo denn ausgemacht wurde, daß jeder
brave Bursche jeden Abend oder jede Nacht
den Eulerkapper pereiren, und ihm, wo möglich die Fenster einwerfen sollte. Die For-
me der Pereification, welche das Parlament
vorschrieb, war folgende: Es leben Ihro
Magnificenz der Herr Johann Henrich Eulerkapper, Ritter von Fellags, des heiligen
römischen Reichs Groß-Kron-Eselsohrträ-

Eulerkapper.   Q   ger,

ger, Hundsfott und Schwerdtfeger hoch!
pereat! Eulerkapper, kapper, kapper!

Von diesem Tage an rissen die soge-
nannten Eulerkappereyen nicht mehr ab: alle
Nacht wurde der arme Teufel hundert Mal
perelrt; die Fenster wurden ihm beständig
eingeworfen, und die schändlichsten Lieder
wurden auf ihn componirt, und auf den
Straßen herumgegröhlt. Eulerkapper ver-
mehrte sein Unglück noch dadurch, daß er
immer fürchterlich schimpfte, und dadurch die
lustigen Brüder noch mehr zu Insulten reizte.

Ein lustiger Bruder machte einen Eu-
lerkapperischen Katechismus, ließ ihn von einigen andern auswendig lernen, und kate-
chisirte Abends unter des armen Mannes
Fenstern: wobey er denn den Schulmeister,
die andern aber die Scholaren machten. Ich
muß doch einige Fragen aus diesem Frage-
buch zur Erbauung meiner Leser hersetzen.

Frage. Was ist der Eulerkapperische
Katechismus?

Antwort. Es ist ein deutlicher in Frag
und Antwort verfaßter Unterricht über des
Euler-

Eulerkappers Wesen, Eigenschaften, Mey-
nungen und Werke.

Frage. Ist der Eulerkapper ein
Mensch?

Antwort. Nein: er hat zwar einen
menschlichen Körper; aber eine dämonische
Seele.

Frage. Wer ist des Eulerkappers
Vater?

Antwort. Abramelech und Asmodi
zugleich.

Frage. Wer ist seine Mutter?

Antwort. Die Hexe von Endor.

Frage. Ist Eulerkapper orthodor?

Antwort. Nein, er ist ein großer
garstiger Irrlehrer und Ketzer.

Frage. Worin lehrt Eulerkapper vorzüglich irrig und falsch?

Antwort. In der Lehte von der Entstehung der Welt, dem Ursprung des Menschen, und den Geheimnissen der Frauenzimmer.

Fra-

Frage. Was lehrt Euterkapper vom Ursprung der Welt?

Antwort. Er leugnet ihre Erschaffung, und lehrt, daß sie von Ewigkeit her aus Tabackedampf entstanden sey.

Frage. Was lehrt der Euterkapper vom Ursprung des Menschen?

Antwort. Er leugnet den Einfluß des Beyschlafs auf die Entstehung des Menschen, und will, daß gewisse Schnacken in der Luft herumfliegen, welche von den Weibern im Kaffee hineingetrunken würden diese Schnacken hält er für den Keim der Menschen, und widerräth daher ledigen Frauenzimmern den Kaffee, empfiehlt ihnen aber dagegen zur Entschädigung den nähern Umgang mit den Männern.

Solche Fratzen mußte sich Euterkapper unter seinem Fenster herkatechisiren lassen. An Pasquillen und abscheulichen Gemälden, worauf er unter allerhand burlesken Formen vorgestellt war, und die durch die ganze Stadt angeklebt wurden, fehlte es auch nicht; in

allen

allen Studentenstuben, Schenken und andern öffentlichen Oertern waren die Wände mit hundertfachem „pereat Eulerkapper" ange= füllt; im Carcer stand er in Lebensgröße ab= gemalt, wie er mit dem Satan Brüder= schaft trank.

Das Carcer ward zwar nie leer von solchen, welche den Eulerkapper pereirt, ihm die Fenster zerschlagen, eine Katzenmusik ge= bracht, oder sonst einen Streich gespielt hat= te: aber dieß half dem guten Mann doch nichts: er hatte alle Bursche wider sich, und alle konnte man doch nicht auf einmal ins Carcer setzen.

Diese ewigen Neckereyen und Verfol= gungen hatten auch sonst einen übeln Einfluß auf Eulerkappers Oekonomie. Sein Freund der Bürgermeister Rumpf starb, und nun hieß es, ein Mann, der der Gegenstand des allgemeinen Gespöttes der ganzen Stadt wä= re, dürfe nicht mehr an heiliger Stätte er= scheinen, und so nahm man ihm das Pöstchen eines Lesers am Zuchthaus, und den Klingel=
sack.

ſack: auch nahmen die Einkünfte ſeiner Schule dadurch merklich ab, daß viele Eltern ihre
Kinder nicht mehr zu einem Mann ſchicken
wollten, der ſelbſt alle Abend einen ſo artigen Katechismus anhören mußte.

Nun mußte Eulerkapper wieder ſehr
kümmerlich leben, und da, wie der Verfaſſer
aus der leidigen Erfahrung weiß, kümmer-
liche ökonomiſche Umſtände auch häuslichen
Zank und Streit erzeugen, ſo hatte nun auch
Eulerkapper am Tage keine Ruhe: denn ſeine Xantippe machte ihm ſteten Kummer durch
ihr ewiges Märgeln, indeß ihm die Studenten die Nächte durch Pereiren und Katechiſi-
ren zur Hölle machten.

Acht und zwanzigſtes Kapitel.

Der Nepp.

Das Glück vermag mehr als die
Weisheit, ſagt ein alter griechiſcher Philo-
ſoph, ich weiß nicht mehr, wie er hieß;
aber er mag Hans oder Kunz geheißen haben,
genug

genug der Mann hatte Recht. Es ist verge:
bens seine Lage durch Klugheit verbessern zu
wollen: wenn das Glück nicht dazu bey,
trägt, so ist alles Arbeiten vergebens. Eu=
lerkapper dachte auch so, und ließ alles ge=
hen, wie es ging: und hierin zeigte er sich
einzig und allein als einen wahren Philo=
sophen.

Eines Tages ging er vor Unmuth über
das ewige Gequengel seiner lieben Frau nach
Wieseck in die Schenke. Kaum hatte er eine
Stange Bier vor sich stehen, als Herr Bri=
chel, Oberamtmann von Grimberg herein=
trat. Brichel war ehedem Eulerkappers
Hausbursche gewesen, hatte hernach allerley
Aemter verwaltet, und war endlich nach
Grimberg als Oberamtmann versetzt worden.

Er erkannte sofort seinen alten Freund
Eulerkapper, und reichte ihm traulich die
Hand. Nach den ersten Ergleßungen der
alten Freundschaft und Kumpaney, fing Eu=
lerkapper seine Litaney an, und erzählte dem
Oberamtmann alle seine Noth. Der Ober=

amtmann schwieg, ging einige Mal in der Stube herum, nahm manche Prise Taback, that mehrere Züge aus dem großen Paßglas; endlich trat er vor Eulerkappern und sagte: Höre Bruder, ich wüßte eine Stelle für Dich, welche ihren Mann nährt Aber viel Ehre bringt sie nicht.

Eulerkapper. Ey was Ehre! von der Ehre kann man nicht leben. Wenn ich nur ohne Noth und Sorgen auf meinem Posten leben kann.

Oberamtmann Vollkommen! Du kannst noch Geld zurücklegen Dein Vorfahr war ein armer Teufel, als er das Aemtchen annahm, und ist als ein wohlhabender Mann gestorben.

Eulerkapper. Was ists denn für ein Aemtchen, Herr Bruder?

Oberamtmann. Aber Du mußt nicht böse werden

Eulerkapper. Nicht im Geringsten Sage nur.

Oberamtmann. Es ist das Aemtchen eines Amtsnepps oder Paschers zu Grimberg,

Euler=

Eulerkapper Bravo, Herr Bruder:
ich nehms an, wenns so ist wie Du sagst.

Oberamtmann. Sollst es haben.
Aber höre, wenn Leute zugegen sind, darfst
Du mich nicht buzen: es würde sich schlecht
schicken, wenn der Nepp den Oberamtmann
buzte.

Eulerkapper. Das versteht sich, ich
werde immer: hören Sie, zu Dir sagen.

Oberamtmann. Und ich immer: hör
Er) Nepp, zu Dir.

Der Oberamtmann Brichel war ein
Mann von Wort, und nach vierzehn Tagen
zog Eulerkapper als Nepp oder Häscher auf
das Hochfürstliche Amt zu Grimberg.

Er fand allen über seine Erwartung.
Die eigentliche Besoldung war zwar nur geringe, aber die Accidenzien desto ansehnli-
cher und da die Frau Eulerkapperin eine
Häscherstochter war, so wußte sie alle Vor-
theile sich zu Nutze zu machen. Drey Mal
man wöchentlich Amtstag, und drey Mal
wöchentlich hatte Eulerkapper reichliche Ein-
nahme. An Kraut, Rüben, Kartoffeln,

Butter

Butter, Käse Eyern, Würsten und Speck
fehlte es ihm nie; nie brauchte er für der=
gleichen einen Heller auszugeben. Wenn ei=
ner eingesteckt wurde, welches zu Grimberg
eben so frequent geschah, als irgend auf ei=
nem andern Oberamte, hatte Herr Eulerkap=
per seine richtigen und reichen Accidentien;
bey keiner Citation ging er leer aus, und
wenn er einem Bauern meldete, daß sein
Proceß gewonnen war so ließ er sich für
dieses Evangelium auch ein gutes Präsent
geben, nach dem klaren Ausspruch des heil.
Apostels Paulus, daß die, welche das Evan=
gelium verkündigen, sich auch von dem Evan=
gelium nähren sollen.

Die Praktik der Neppe ist vielfältig,
und da ich mit der Nepperey wenig bekannt
bin, so will ich auch nicht weiter erklären,
wie Eulerkapper seinen Vortheil suchte: dieß
versteben die Herren Amtsneppe ja doch bes=
fer, als man es ihnen sagen kann, und andre
Leute brauchen es nicht zu wissen. Sollten
diese ja, wie Eulerkapper, vom Schicksal in
den Häscherstand geworfen werden, so wer=
den

der sie die dahin gehörigen Kunstgriffe schon
lernen.

Die Studenten zu Gießen ärgerten sich
gar mächtig, daß ihr Sündenbock Eulerkapper, an welchem sie all' ihren Muthwillen
auslassen konnten, nicht mehr da war. Als
daher einige von ihnen nach Grimberg auf
den Jahrmarkt kamen, und sich da betrunken
hatten, liefen sie vor Eulerkappers Wohnung,
und pereirten ihn in der besten Form. Eulerkapper aber, welcher Wind erhalten hatte,
daß er das, es leben Ihro Magnificenz,
der Herr Johann Heinrich Eulerkapper ꝛc.,
hören würde, hatte so gute Anstalten getroffen, daß die Pereirer alle sammt und sonders
gefangen und eingesteckt wurden. Sie hatten sich zu einem Ball abonnirt, und mußten
nun im Brummstall auf dem Amt ihre Her-
berge nehmen. Dieß war eine Freude für
den ehedem von Studenten so sündlich ge-
plackten Eulerkapper, daß er nun seine Feinde selbst unter seiner Botmäßigkeit haben,
und sich an ihnen durch hämische Sticheleien
den rächen konnte: auch die Frau Eulerkappern nahm Theil an ihres Mannes Glück,
und ging ins Gefängniß zu den Studenten,
und las ihnen die Epistel.

Neun

Neun und zwanzigstes Kapitel.
Eulerkappers trauriges Ende.

Zehn Jahre hatte Eulerkapper das Amt eines Oberamtsnepps versehen, und das mit der größten Ehre und Ruhm, den nur ein Nepp sich erwerben kann. Er war der rechte Arm seiner Vorgesetzten, und der Schreck der Bürger und Bauern. Keine Sache von Wichtigkeit wurde bey Amt ohne Eulerkappers Consens ausgemacht, und wenn die Bürger und Bauern nur den Herrn Eulerkapper zum Freunde hatten, so fragten sie weder nach dem Oberamtmann, noch nach dem Syndicus. Sie hatten Recht: denn wer den Amtsdiener zum Patron hat, dem thut der Amtmann gewiß nichts, sagt Eulenspiegel, der große Weltweise.

Ein Befehl des Landgrafen, daß niemand mehr auf der Straße, auch nicht einmal in seinem eignen Gehöfte Taback rauchen sollte, brachte dem Eulerkapper manchen Thaler ein. Wie viele Pfeifen nahm er weg, und wie viele Bauern strafte er brevi manu ab, und steckte das Strafgeld in seine eigne Tasche! Lange ging dieß vortrefflich: denn die Bürger und Bauern ließen ihre alte Gewohnheit, auf der Straße Taback zu rauchen, nicht fahren, und Eulerkapper rennte auf allen Dörfern herum, um die Raucher zu ertappen und zu schröpfen. Aber

Aber eben diese Geldgarbe ward endlich
des guten Eulerkappers Verderben. Einst ging
er nach Büseck, und sah da einen Bauer, welcher Mist auslud, und dabey Taback rauchte.
Sachte schlich ihm Euler nahe, und wutsch!
war die Pfeife in seiner Hand. Der Bauer,
ein äusserst grober massiver Kerl, wie die Bauern zu Büseck alle sind, forderte seine Pfeife
mit Ungestüm zurück, aber Eulerkapper forderte mit noch größerm Ungestüm einen Thaler vom Bauer, unter der Bedrohung, ihn sogleich mit nach Grimberg zu nehmen, und da
einzustecken.

Der Bauer wollte mit Gewalt seine Pfeife wieder nehmen, aber Eulerkapper hob seinen
Stock, und zog dem Bauer einige derbe Hiebe
über den Kopf. Dieser ward wüthend, ergriff
die Mistgabel, und rannte sie seinem Feind in
den Wannst. Mit einem tiefen Ach sank Eulerkapper, und gab ferner auch keinen Laut
mehr von sich

Der Bauer sahe nun, was er gethan
hatte: er lief schnell in sein Haus, zog seine
besten Kleider an, nahm sein Geld mit und
entlief. Man hat nachgehends gehört, daß er
kaiserlicher Soldat geworden ist.

Lange lag Eulerkapper todt auf dem
Mist, bis endlich des Bauers Mutter vom
Felde nach Hause kam, und den Häscher in sei-
nem Blut erblickte. Sie lief schreiend auf die
Gasse; die Nachbarn kamen, und gafften die
Leiche auf dem Mist an. Endlich kam der Herr
Schulz oder Richter, und befahl, daß der
todte Repp nach Grimberg zu weiterer Besor-
gung abgefahren werden sollte.

Der Oberamtmann kränkte sich sehr über
den Verlust eines so braven Freundes und so
brauch-

254

brauchbaren Häschers. Er ließ ihn mit allen
Ehren begraben, und ihm einen Leichenstein mit
folgender Inschrift setzen:

Hier liegt begraben

Herr Johann Heinrich Eulerkapper,

Doctor der Philosophie und Magister
der freyen Künste,
gewesener öffentlicher Lehrer der Weltweisheit,
dann Conrector, Mädchenschulmeister, Eccle=
siast im Zuchthaus und Klingelsacksträger.

Zuletzt
erster Nepp oder Häscher des Hochfürstlichen
Oberamts zu Grimberg.
Er ist geboren zu Kirchberg den 4ten May 1726,
und fand seinen Tod durch einen Gabelstich
auf dem Mist zu Büseck, den 28. März 1768.

Er ruhe sanft.
Du aber, Sterblicher, gehe und lerne sterben
an seinem Exempel.

Amicitiae posuit.
Carolus Ludolphus Brichel,
Jur. Ut. Lic. Balivatus Grimbergensis Director.

Solch ein trauriges Ende nahm der Held
dieser wahren und aufrichtigen Geschichte, Jo=
hann Heinrich Eulerkapper. Ob meine Leser
mit mir zürnen werden, daß ich ihn nicht am
Leben, oder doch wenigstens nicht auf eine an=
dre Art abfahren ließ, weiß ich nicht. Aber
ich kann einmal nicht wider die Wahrheit. Eu=
lerkapper mag indessen sanft unter seinem
schweren Leichenstein ruhen!! Ende.